あわてるから あかんのや II

堤 保敏

天理教道友社

タカオ君が描いた絵

堤《つつみ》塾の仲間たち

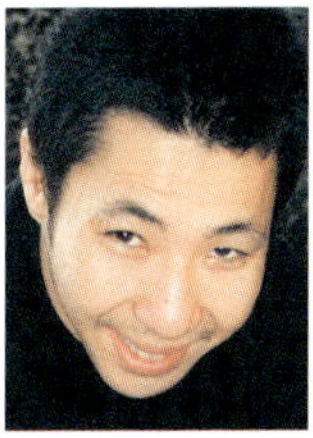

コーちゃん

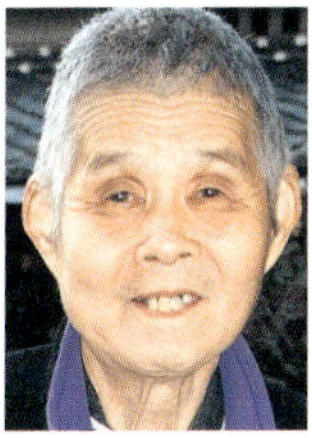

カワシマ君

ハヤシ君

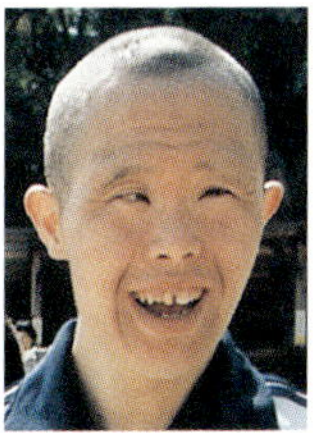

サトシ君

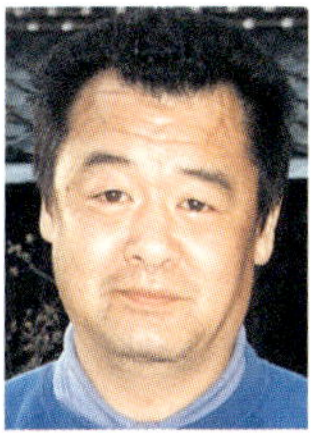

ジロー君

マサちゃん

タカオ君

目次

塾のうちそと

道場のうちそと

装丁　森本まこと

塾のうちそと

塾と道場の風景

私は、いくら頑張っても、ワープロは右手人差し指一本でしか打てない。しかも、一つのキーを押すたびに「エート、エート」と言いながら、指にツバをつけるクセがあるらしく、最近では不潔だという理由でワープロを取り上げられてしまった。そのため、原稿用紙になぐり書きした原稿を、ワープロやパソコンで打つのは娘たちの仕事ということになっているのだが、この時点で私の文章は、妻や娘たちの検閲《けんえつ》を受けることになってしまう。その結果、いつもクレームをつけられるのが、自分たちの会話として出てくる上品すぎる標準語の言葉づかいである。

「やめてよ、お父さん。私こんな上品な言葉づかいはでけへんわ。もしもこの本を私のことを知っとる人が読んだら、吹きだしてしまうわ」

というわけである。

どうしても登場人物は、妻や娘たち、道場の子供たちや親ごさんたち、それに塾生《じゅくせい》たちや塾《じゅく》の周辺の人々となる。私は岐阜弁まじりの関西弁、妻はバリバリの関西弁、娘たちは意味不明現代語まじりの奈良弁。それに塾生たちは、塾内でしか通じない特殊堤塾語《つつみじゅく》まじりの話し言葉である。この多民族国家のようなわが家の出来事を書く場合、話し言葉をそのまま活字に置き換えようものなら、意味不明になってしまう恐れが多分にあるのだ。だから、みんなが標準語でしゃべっているかのごとくに書いているのだが、麦飯と自家製野菜を主食にしている妻や娘たちには、これがストレスになってしまうのだそうだ。


今からちょうど三十年前、ユキヤナギの花が咲くころ、私はこの地の住人になった。世界文化遺産に指定された法隆寺《ほうりゅうじ》とは目と鼻の距離にわが家があることを、多くの友人たちはうらやましいと言うが、ここが本当に住みよいところかどうか、まだ私には分からない。

三千平方メートルほどの敷地の一段高いところに、築後百数十年の朽ちかけた母屋があって、その南側に塾生たちの家、和光寮《わこうりょう》がある。そして、一九四〇年代の燃料不足の折り、泥炭《でいたん》なのか亜炭《あたん》なのか分からないが、質の悪い石炭を掘ったため、二メートルほどの段差がついており、その下段に道場と菜園がある。一キロほど離れたJR法隆寺駅がわが家から見えた昭和三十年代までは、このあたりものどかな里だったのだが、宅地化が進んだ現在、敷地面積の広さが私の重荷になってきている。

春夏には雑草引きに明け暮れなければならない、ただ広いだけの敷地に五人の家族と七人の塾生が暮らしている。なりゆきで結婚した妻との間に三人の娘を授かった。長女・彩《あや》、二女・理《みち》、三女・庸《のぶ》である。

この言葉を使うと、主治医であるばかりでなく、何から何まで塾生を含めて私たちの支えになっていただいている横山嘉璋《よしあき》先生に、一回につき五千円の罰金を取られることになっているが、私は堤家の「養子」である。この罰金制度は、堤塾と道場の二代目主宰者《しゅさいしゃ》として、たえず創始者と比較される宿命に負けるなとの支援制度だと、私は理解している。

法律上は家族ではないのだが、心のつながりという意味では家族同様の、知的障害を持つ人たちが七人、私たちと寝食を共にしている。一九四三年から今日まで半世紀を越えて、延べにして四、五十人の人たちを世話してきた。便宜上、知的障害者施設「堤塾」としているが、最も家族に近いスケールの施設なのである。

ところが、この看板にクレームをつける人がいるらしい。

「お前らのような規模の小さい、公的に認められていないものが施設とは、けしからん」

と言われているようなのである。

不幸にして家族と一緒に暮らせない彼らに、より家族に近い環境を提供することこそ堤塾の基本的なやり方なのだから、そういう人がもし私の前に現れたら、

「静かに放っておいてください」

と言うことにしている。

しかし、バブルがはじけ不況の波が押しよせてくると、最近では施設関係者から、

「いいですね、堤塾は。より理想に近い状態ですよ」

と言われるようになった。小回りのきく規模とアットホームな空気が、うらやましがられるようになってきたのである。

堤塾開設当初からいるハヤシ君とカワシマ君は七十歳を越えた。私たち夫婦より二十歳

も年上なのだが、私たちを父のように、母のように慕ってくれる。コーちゃんは、いくつになったと聞くと、いつも「三歳」と答えるが、もう三十歳近くになった。タカオ君は絵を描き始めた。最近の堤塾のビッグニュースは、塾生たちの居間にツバメが巣をかけたことだ。それをいちばん喜んでいるのがサトシである。ダジャレの王様ジロー君、そこに今年、広島から仲間として加わったマサちゃん。この七人が堤塾の塾生である。彼らは、もっとも神様に近いところにいる清らかな人たちなのである。

このところ、ノーマライゼーションとかバリアフリーといった言葉をよく耳にする。前者は、特別視しないこと、後者は、精神的、肉体的な障壁《バリアー》を取り除くといった意味のようだ。一九九五年、ノーマライゼーション七カ年計画というのができて、住宅、教育、雇用など総合的な取り組みがなされているようだが、しかし、こういったことは七年で完成するようなものではない。人類永遠の課題なのだ。

一九七〇年に剣道の道場を開設して、副次的な成果として見えてきたのが、道場生のなかに、障害を持った人たちを特別視したり差別視したりしないという心が確実に芽ばえていることである。

道場を開設して三年ほどたったころ、一期生の勝真直樹《かつまなおき》が、稽古着《けいこぎ》、袴《はかま》の着用を認められたばかりの下級生がオシッコをするのを手伝っていた。幼稚園児や小学校低学年生にとって、袴をはいたままオシッコをするのは、むずかしいことなのである。下手をすれば袴を濡《ぬ》らしてしまう。そんな下級生の袴をたくしあげて、チンチンを持って舵取《かじと》りをしながらオシッコをさせる勝真を、私は見た。彼の手は子供のションベンで濡れても、彼は笑ってそれをしているのだ。私は胸が熱くなった。やさしさは人間としての強さである。道場でこのやさしさにさらに磨《みが》きをかけることも、剣道を学ぶことの大切な要素だと私は考えるようになった。

それからというもの、子供たちをわが家に呼んでは遊ばせることにした。そうすれば、知らず知らずのうちに、ほんもののやさしさを身につけてくれると思ったのだ。わが家では塾生たちが、子供たちのやさしさを磨く砥石《といし》の役割を果たしてくれるからである。こうして道場生とその関係者、そして塾生たちとの心の壁はしだいに取り除かれていった。

ところが、春、夏、冬休み、それに日曜、休日ともなれば、わが家は嵐のようなにぎやかさになる。ことに食事の支度《したく》や子供たちの合宿の準備をする妻は大変である。子供好きで何事にもアバウトな妻だから、合宿所のような生活にも耐《た》えられるのだろう。仕掛け人の私はいつも、早く休みが終わってほしいと乞《こ》い願っているのである。

道場に定年制度はない。ウイークデーの稽古は小、中学生がやっているが、土曜、日曜の合同稽古会には、世代を超えて大勢の人たちが集まる。集まれば楽しい。楽しければ、ついつい時を忘れる。時にはわが家は不夜城《ふやじょう》のごときにぎやかさになるのだが、そのにぎやかさを塾生たちは喜び、入りまじって、心を遊ばせるのである。両者はお互い、水のように空気のように感じ合っているのだ。

その他に、堤塾と道場には全国に多くの支援者がいる。特別に福祉や剣道に興味を持つ人や、それにたずさわっている人もいるが、むしろ、そうでない人の方が多い。これは七人の塾生と、純粋に剣道の修業に励む豆剣士たちの吸引力によるものだと思う。

ある日、塾生たちを娘たちが遊園地に連れていってくれて、わが家は夫婦二人だけになった。そうなると、お互いに構えてしまって、会話が成立しないのだ。フーッとため息をついて妻が言った。

「みんな早く帰ってこないかなあ」

三歳児

堤塾《つつみじゅく》の暴《あば》れん坊将軍、コーちゃんは、いつまでたっても三歳だ。彼とは十年近いつき合いになるが、ずっと年をとらない。

「コーちゃん、いくつになった?」

と聞くと、指を三本出して
「三歳」

と答える。誕生日が来るたびに同じことを繰り返しているのだ。三の下に0《ゼロ》を置かなければならない年齢に近づいているのに。

神様は、だれにでも一つだけ素晴らしいものを与えてくださっている。コーちゃんが神様から与えていただいているそれは、三歳児が持つような純真無垢《じゅんしんむく》な心である。

ふだんのコーちゃんの行動には、私たちも塾生《じゅくせい》も、みんなほとほと手を焼いている。彼と真剣に向き合えば向き合うほど、こちらがノイローゼになりそうになる。

朝は、起こさないかぎり起きない。放っておけば、一日中でも布団にもぐりこんでいる。起床は六時三十分という堤塾四十年の伝統を、彼がいともあっさり破ってしまった。夜《や》尿症《にょうしょう》は、あらゆる方法をとったが治らない。毎日のようにストリーキングをやられると、年ごろの娘がいるわが家は困るのだ。西名阪《にしめいはん》自動車道を自転車で走ったこともあるし、気に入らなければ高価なものでも金づちやペンチを使って壊《こわ》してしまう。そのうえ、つまみ食いの常習者で、賞味期限の切れた食品は置いておけないのだ。

そんな彼とつき合っていると、われわれ凡人はストレスがたまり、家のなかがぎくしゃくしてしまうことがよくある。ところが、何かの拍子で彼の三歳児のような無垢な心に触れると、私たちはすべてをゆるしてしまうのである。

「今日もコーちゃんだけよ、私の料理をおいしいと言ってくれたのは。コーちゃんのことを爆発寸前まで怒っていても、いつもこの手でやられてしまうの。神様ってすごいと思うわ。コーちゃんには、すべてをゆるしてもらえる徳を授けてくださっているのよ」と妻。

「そうだなあ。神様が授けてくださっているというより、彼こそ神様にいちばん近いところにいるんじゃないかと思うことがあるよ」

と私。

彼には集中力というものはない。まったく気ままなのだ。それでもゆるされるのだから、これを彼の徳と考えるよりほかに解釈のしようがないのかもしれない。

ある日のこと、私とコーちゃんが廊下の掃除をすることになった。彼は、初めは機嫌よく雑巾《ぞうきん》がけをしていたのだが、五分とたたないうちに、いつもの通りやめてしまった。急いでいたので、仕方なしに私が雑巾をかけることにした。彼は私が使っていたホウキを右手に立てて持って、仁王立ちで私を監督するのだ。

雑巾がけを前進でやればよかったのだが、私は後ずさりでやっていったので、不用意にも土間にドスンと落ちてしまった。しりもちをついただけならよかったのに、何かのはずみで床の下に足をつっこんで、弁慶《べんけい》の泣き所を思いっきり打ってしまったのだ。あまりの痛さに大声を出すと、何事かと飛んできた妻や塾生たちは、土間にひっくりかえっているぶざまな私を見て、大声で笑うのだ。笑い事ではなかろうと怒鳴りたいのだが、痛さで声も出ず涙しか出ない。そんな時、コーちゃんだけが笑いもせず心配そうに、

「だいじょうぶ？　だいじょうぶ？」

と聞いてくれたのだ。その場の救いの神はコーちゃん一人だったのである。

三歳児の純真な心のほかに、コーちゃんは他の塾生にはない習性を授かっている。この習性を、私はいいとも悪いとも言い切ることができないのだ。子供のころご両親から、散らかした遊具などはきちんと片づけるように、厳《きび》しくしつけられたのだろう。彼は片づけ魔《ま》なのである。これには大助かりする時もあるが、彼流のやり方では困ることもある。農機具はここ、大工道具はここ、掃除道具はここと、だいたい決めているのだが、彼はこのルールに従ってくれないのだ。いつでも彼流なのである。ところが時々彼の記憶装置が故障することがあって、どこにしまったのか聞いても要領を得ないことがある。私の常識の範囲では、どこを探しても出てこないのである。そんな時彼は「アレーッ」で終わらせてしまうのだ。高価な工具類は特に用心していないと、そういうものに限って、思い出すの

もむずかしいところにしまい込んでくれるのだ。

　初夏のある日、八月のラ・ストラーダ・クラシックコンサートの舞台を飾るために、ペチュニアの花の苗を百株買ってきて、塾生総出でプランターへの植えつけ作業をした。ここでも作業開始五分で、いつも通りコーちゃんは総監督に変身した。そして口だけを作業に参加させて、

「どうするの？　どうするの？」

と、しつこく問いかけてくるのだ。私はその時、内心うるさいなあと思いながら、

「みんなに見てもらうの」

と、ごく簡単に答えたのだが、これがいけなかった。とんでもない結果を生んでしまったのである。

　その日の午後、兵庫県のある婦人会が施設見学に訪れた。観光バス一台でやって来たのだから、かなりのにぎわいだった。

　翌朝、私はいつもの通り、朝食前の散歩で道場へ行った。すると、昨日の景色より何か殺風景になっているような気がした。「はてな」私の脳細胞がめざめていなかったせいか、

ペチュニアが消えていることに気がつくのに、ちょっと時間がかかった。図書室の裏手にあるブドウ棚《だな》の下まで行って、やっと「おやっ」と思った。ブドウ棚の下は草ぼうぼうのはずなのに、一坪ほどの広さのところには草一本もなく、しかも土を踏み固めたクツの跡がついている。よく見ると、やや盛り上がっているのだ。これを見て私は、事の重大さにようやく気がついた。図書室のひさしの下には、からになった三十個のプランターがきちんと積み上げられているのだ。このプランターの数は、昨日ペチュニアを植えたその数なのだ。

「しまった！　またコーちゃんにやられてしまった」

私は力が抜けてしまった。なぜこれをコーちゃんの仕業《しわざ》だと推理したかというと、彼には前科が何回となくあったからである。

組立式バーベキューテーブルをコンクリートで作ろうと、一つ一つコンパネの型に流して固めていたのを、コーちゃんは、私がほったらかしにしておいたと思い込んで、それらを移動させヒビだらけにしてしまったり、カワシマ君と私の二人でやっと動かせるような、大きなカイズカイブキの木を移植した時、コーちゃんは、その場が気にいらないのか、私が留守中に、元植えてあった場所に彼一人で移動させてしまったことがある。犯人さがしをすると、コーちゃんは悪びれず「ぼく」「ぼく」と自分を指さすのだ。彼はキャシャな体つきには似合わない怪力の持ち主なのである。この集中力と怪力を、みんなで作業をする時にも出してくれればと、いつも思っていたのであった。

ところで、ペチュニアだが、気を取り直してスコップでその場を掘ってみると、案《あん》の定《じょう》、そこから百株のペチュニアの苗が出てきた。慎重に掘りあげたつもりだが、使えるのは半分もなかった。

私はコーちゃんを叱《しか》りつけようと思ったが、やめた。昨日のコーちゃんとのやりとりを思い出したからである。ペチュニアを何の目的で植えつけているのかという彼の質問に、私は面倒臭さから「みんなに見てもらうの」とだけ答えた。それがいけなかったのだ。婦人会の人たちが帰った後、これでこの花のお役は終わったとコーちゃんは勝手に判断して、一人でせっせと片づけてくれたのである。

コーちゃんは、何も間違いをしでかしてはいないのだ。彼はむしろこのことを、ほめられると思っているに違いない。私は、自分が彼をほめなければならない立場にいることに気づいて、叱るのをやめた。もしここで叱りつけようものなら、たちまち彼の頭のなかは混乱してしまって、子供のころご両親から厳しくしつけられた、後片づけをきちんとする習慣をホゴにしてしまう結果につながりかねないのだ。

私は、また五十本のペチュニアの苗を買い足して、みんなで植えた。

「この花は八月十五日のコンサートの時に、みんなに見てもらうために植えているんだよ」

と、かんでふくめるように説明した。そうすると、彼はちゃんと理解してくれた。それればかりか一花咲くたびに私の手を引いてその場に連れていき、

「きれい、きれい」

と、光る言葉を使ってくれるのだ。

私は、五十本の苗の金銭的損失より、きれいだ、きれいだと喜ぶコーちゃんの純真な心に触れられたことの方が、計《はか》りにかければ、はるかに重いと感じたのであった。

「神様ってすごいね。だれにでも同じように一つだけ光るものを与えてくださっているの

よ」

妻の言うことに私も同感だ。そして、その通りだと感じさせてくれる私たちの感性は、コーちゃんたち塾生が育ててくれたものなのである。

Kちゃんの贈り物

四歳の時から剣道三昧《ざんまい》だった彩《あや》の目がやさしくなったのは、大学卒業を間近にひかえたころからである。競技者を終える時が来たのだろう。

卒業後の進路のさまざまな選択肢《せんたくし》のなかから、彼女は、私たちの仕事を手伝いながら天理中学剣道部のコーチになる道を選んだのだが、その前に、しばらく剣道から離れてみたいと言い出した。そういうわけで、卒業後の一年間は、田村一二《いちじ》先生が創設した、滋賀県石部《いしべ》町にある知的障害者施設、一麦寮《いちばくりょう》に寄留《きりゅう》して、吉永太市《よしながたいち》先生のもとで福祉の〝いろは〟を学ぶことになった。

彩の友人たちは、あえて遠くへ行かなくても堤塾《つつみじゅく》でも勉強はできるではないかと言ったが、家族であり兄妹の関係である塾生《じゅくせい》たちを、時には客観的に見て行動する力を養う必要があること、さらに、私たちの仕事を手伝う上にも、また剣道の求道者として、あるいは指導者としての道を進む上にも、この力が必要と考えてのことだった。
一麦寮での一年間の勉強を終えて帰ってきた彩は、私たちを手伝いながら剣道の指導を始めた。そして最初の試練というのが――。

Kちゃんは、身のまわりのことはたいてい自分でできたし、性格もふだんは穏《おだ》やかだった。ただ、話し声が小さいので周りの元気者に圧倒されてしまうことがあって、そのうっぷん晴らしなのか、時としてこちらがびっくりするような意味不明の大声をあげることがあった。ふだんは、何も言わないサトシの横を自分の座る場所と決めていたようだが、声が小さいのは彼の性格ではなくて、大きな声を出してはいけない、おとなしくしていなくてはいけないという圧迫感のようなものを、どこかに持っているように見受けられた。なぜなら、道場で開かれるコンサートには彼が最も反応を示し、自分が知っている曲でも演奏されようものなら一人で踊りだすのだ。特に植木等《ひとし》の『スーダラ節』がオハコで、歌いながら踊れる。こんなひょうきん者の一面をのぞかせるのだが、波が引くと、静かで無口なKちゃんに戻ってしまうのだ。

そんなKちゃんだったが、彩が一麦寮から帰ってくると彼女に急接近したのだ。これは彼の意外な意思表示だった。どこかウマの合うところがあったのか、彩も特にKちゃんをかわいがった。

彩は流行のガーデニングを始めた。動機は分からなかったが、始めて一カ月もすると、わが家の庭は名前も知らない洋花に占領されてしまった。

朝晩の水やりはKちゃんの仕事になった。百坪ほどの花壇と五十個ほどのプランターに小さなジョウロで水をやるのだから、かなりの重労働なのだ。そのため風邪《かぜ》ばかりひいていた虚弱体質《きょじゃくたいしつ》のKちゃんは、みるみる健康体になった。それどころか自己主張のできなかった彼に変化が起きてきたのだ。

彼の返事は「ハイ」しかなかった。何でも「ハイ」なのだ。ところが「イヤダー」と彼からノーの返事が返ってくるようになったのだ。イエスとノーの二通りの返事は、生活に自信がついてきた証《あか》しなのである。

私は、黙々と花に水をやっている時の彼の目が好きだった。実にすがすがしい目なのだ。

ある日のこと、外は雨なのに居間にKちゃんがいない。外を探《さが》すと、Kちゃんがずぶ濡《ぬ》れになって花に水をやっているのだ。

「Kちゃん、何してるの？」

と聞くと、

「花に水やってる」

と言う。その日は美しく笑っていた。

「花に水を……」まさにその通りで、私は返す言葉がなかった。雨が降ったら水をやらなくてもいいとは教えてなかったのだ。しかしこれは、むずかしい指導なのだ。どのくらいの雨量があれば水をやる必要はないか、この判断が彼にはできない。水やりをすべてまかせてみた彩にしてみれば、雨が降ったら水をやらなくてもいいとは言い切れなかったのだ。もしそう教えれば、彼は土の表面を少し濡らす程度の雨でも水はやらないだろう。そうなれば、プランターの花は枯れてしまう危険性が高い。彼にしてみれば、雨が降ろうが槍《やり》が降ろうが、毎日花には水をやると決めていたのだ。私は、彼なりの花への強い愛情を感じて、うれしかった。

私たちの幸福の最も小さい単位は、夫婦であるとか親子であるとか兄弟であるとかの、円満な家族関係のなかにあると私は考えている。一人だけの幸福はあり得ない。支《ささ》える人、支えられる人が共に幸福感を味わって、初めてほんものの幸福が存在するのだ。だから、不遇《ふぐう》にも家族を失ったり、訳《わけ》あって家族とともに暮らすことのできない人は、最も家族関係に近い環境のなかで生きることが望まれるのである。

そんなわけで私は、大きな施設より小さくても家族的な施設を作るべきだと長年主張してきた。この主張に共感して、数年前、八十歳近くになったご両親は四十歳を過ぎたKちゃんを私たちに預けてくださったのだった。

Kちゃんが、ご両親の住む町に新設された公的施設にいきなり移って行った。

Kちゃんは痔《じ》を患《わずら》っていて、それがひどくなった。妻が毎日の治療の手助けをしていたのだが、母親はそれを申し訳ないとためらって、頻繁《ひんぱん》にKちゃんを家へ連れて帰るようになった。ご両親はKちゃんの姉と同居している。Kちゃんがしょっちゅう家に帰るようになると、姉は先行きに不安を感じたのだろう、親にも私たちにも相談なしで、新しくできる施設に応募してしまったのだ。

ここからは私の愚痴《ぐち》になるのだが、高齢のご両親、私設の堤塾《つつみじゅく》、このような環境のなかで姉が立てたプランは、当たり前のことなのかもしれない。ただ姉は、一度として私たちの前に顔を出したことがなかったので、私たちは彼女の心が読めなかったのだ。しかも、親の面倒は見るけれどもKちゃんの面倒は見ないと常々口にしていると聞かされていたので、私たちは心が痛んだ。

私の立場でKちゃんの家族のことに口出しできないことは百も承知だが、奪《うば》うようにKちゃんを連れ去られてしまった私や妻や娘たちや塾生《じゅくせい》たちの心を、いったい何がいやしてくれるというのか。Kちゃんがいた数年間は何だったのか、それを思うと、座る主がいなくなった椅子《いす》を見ても、やるせない淋《さび》しさがこみあげてくるのだった。

特に彩にはそのショックは大きかった。

「死んで別れるよりつらい」

と、涙ながらに私に訴えてきた彼女の気持ちも痛いほど分かる。彩は、私が先代から塾《じゅく》を引き継いで以来、ムラタ君、アカマツ君、ショウちゃん、オカモト君、タナカ君の五人の塾生との死別のつらさを共に味わってきた。その時のつらさより、Kちゃんとの別離をつらいというのだ。

勝手にやっていると言われればそれまでの貧乏施設は、こんな時に弱い。大きな施設に太刀打《たちう》ちできるものは何もない。資金や人や設備がKちゃんの姉を納得させるものであれば、彩にこれほど大きな淋しさを味わわせなくてすむのにと、私たちは自らの非力を悔《く》やんだ。まがりなりにも五十年を越えて今日までやってこられたのだから、これからもどうにかなるだろうという、より所のない自信だけが心の支えになっているケセラセラ施設だから、よそ目には不安だらけに映ってしまうのだろう。心の豊かさだけはどこにも負けないと精神性を謳《うた》い文句にしても、これでは小さいものは大きいものに押しつぶされてしまうのだ。

「おたくの施設は何人いますか?」

「はい、七人です」

「そう、七人」

私はこれまでこの受け答えを何百回となくやってきた。七人と聞いた時の相手の変化に砂をかむような思いをしてきた。「そう、七人」は「なんだ、七人か」としか聞こえないのだ。これは私のヒガミだろうか。


Kちゃんがわが家を去ると決まった日、妻と娘たちは一日中泣いた。妻の涙は育ての親の涙だ。

「Kちゃんの顔を見たら、きっと泣いてしまうから、連れてこないで」

そういう妻や娘たちの思いをそのまま伝えてあったので、その日、Kちゃんは来なかった。

Kちゃんを家に置き、荷物を引き取りに来たご両親は、荷物を一通りまとめると、一言あいさつをと座敷に入ってきたのだが、私から出る言葉は少なかった。妻や娘たちからの、Kちゃんが堤塾に帰りたいと言ったらすぐに帰らせるようにとの伝言と、塾生たちには、

Kちゃんは痔の治療でしばらく家に帰るということにしてあること、この二点しか伝えられなかった。

妻は泣きはらした目でお茶を運んできて、それを悟《さと》られないよう作り笑いで一言もしゃべらず出ていったのだが、その一つ一つの動作はぎこちなかった。私たちの気持ちをすべて知り尽くしてくださっているご両親は、小さい体をますます小さくして、涙をいっぱい浮かべてただ頭を下げるだけだった。このしばしの沈黙は、私には耐《た》えられぬほどつらかった。

家族の虚脱感がいやされるまでには時間がかかった。Kちゃんと入れ替わるようにマサちゃんが入ってきて塾はまたにぎやかになったものの、マサちゃんはKちゃんの代役にはなり得なかった。Kちゃんは Kちゃんなのだ。

庭にいっぱいコスモスが咲いた。彩とKちゃんで咲かせた最後の花だ。彩はコスモスの前に来ては、

「Kちゃん『イヤダー』と言って帰ってきてくれないかなあ」

と言っていたが、私はそれを未練だと言った。大勢のなかでは、また自己主張のできない元のKちゃんに戻ってしまっているだろうと思ったからだ。

Kちゃんとの別れが死別よりつらいと嘆いた彩だが、この試練によって彼女は強くなれると私は思った。現実をありのままに受け入れる力を与えられたからだ。そして何より大きな収穫は、豊かさには目に見える豊かさと見えない豊かさがあることを、彼女がこの一件から学び取ってくれたことだろう。彼女は今、塾生たちを何が何でも守らなければならないとの強い母性を持ったにちがいない。そう考えれば、彩はKちゃんから大きな宝物をもらったことになるのだ。

神の仕業

後々《あとあと》になって、それが神の仕業《しわざ》ではなかったかと思うことがある。

ジロー君が塾《じゅく》に来たのは一昨年の秋だった。大阪教育大学附属養護学校時代の同窓生の家族に不幸があって、ジロー君は母親とお悔《く》やみに行った。そこで養護学校時代の恩師、西原洵《ひとし》先生に偶然《ぐうぜん》会った。西原先生はサトシとタカオの恩師で、堤塾《つつみじゅく》をよく知る人である。

母親は、ご自分の身の上に何か感じるものがあったのだろうか、ジロー君の行く末を考えて、彼をどこかの施設に預かってもらおうとしたのだが、県内の公的施設には適当なところが見つからなかった。原因は、どういう訳《わけ》かジロー君本人がどの施設も拒否したからだ。内情を知った西原先生は、その場で私に電話をくださった。先生がなぜ私を指名したのかは分からないが、家庭的な雰囲気の施設として堤塾を思い浮かべてくださったのだろう。

数日後、ジロー君と母親は西原先生に連れられてやって来た。母親には思い描いていた施設のイメージとはあまりにもかけ離れて堤塾が見えたのだろう、ずいぶん驚いた様子だった。家族と塾生《じゅくせい》がひとつになっていることが奇異《きい》に見えたのかもしれない。私の目には、そのことが母親を不安がらせているように映《うつ》った。

私はこのような場合、特別なもてなしはしないことにしている。ふだんの、ありのままの姿を評価してもらいたいからである。お互い背伸びをしてつき合うのは私の主義に反するからだ。

「この方が堤さんです」

私が名乗る前に西原先生が私を紹介してくださった。そのうえ先生は、

「堤さんはいつもこういうスタイルで……」

と、一言付け加えてくださった。私の風貌《ふうぼう》を見てとまどった母親を感じてのことである。

高級ブランド品でかためた親子から見れば、いったいこの男は何者だと不安に思うのも

無理はない。私は作業ズボンに、泥《どろ》と汗で汚《よご》れたランニングシャツ一枚という格好で座敷に入っていったからだ。しかも首には泥だらけの手ぬぐいをかけていた。そんな私に対して母親の言葉は少なかった。おそらく、こんなところにジローを、と思ったのだろう。ところが、

「お母さん、ぼくここでやってみるよ」

と、ジロー君が言い出したのである。私は西原先生にウインクでOKサインを送った。もし私がその日、ネクタイに背広スタイルでジロー君に面会していたら、彼はノーと言ったにちがいない。数日後、ジロー君は、伸ばしていた頭髪を坊主頭にして、最小限度の荷物を持ってやって来た。

ジロー君の障害の程度は軽い。三歳のころに転《ころ》んで頭に大ケガをした、その後遺症《こういしょう》が気がかりなくらいで、家族や地域の人々に愛されながら生きていくための能力と性格を備《そな》えている。しかし、さまざまな周辺の事情から、どこかの施設で暮らさなければならない状況下にあった。

ジロー君は、すでに父親とは死別していた。だから、溺愛《できあい》に近い母親の愛情から彼をどのように切り離していくか、問題はこの一点だけだった。

私が外から帰ってくると、娘たちがクスクス笑っている。彼女たちの報告によると、次のような光景があったらしい。

娘たちは妻の料理の手伝いをしていた。台所の隣《となり》に塾生たちの居間がある。そこでジロー君とハヤシ君の大声の会話が始まった。人のいい塾生たちは、ヒソヒソ話はまずしない。すべてまる聞こえだ。話の内容は、芸能、スポーツ、政治に経済、何でもこいだ。ジロー君が塾に来てからは話題が広範囲で高尚《こうしょう》になった。ただ、チンプンカンプンでつじつまが合わないのは以前と同じだ。ところが塾生たちは、つじつまが合っていようがいまいが、チンプンカンプンであろうがなかろうが、おかまいなしだ。ボルテージが上がってくると、こちらが「うるさい」と叫びたくなるくらい大声になるのだ。

どんなことからこの話題になっていったのか分からないが、ハヤシ君がジロー君に「日本で一番大きい湖、知ってるか?」

と聞いた。すかさずジロー君は
「琵琶《びわ》や、琵琶湖《びわこ》」

と答えた。

「そんなら世界一大きい湖、知ってるか?」

とハヤシ君。しばらく考えたジロー君は、

「そうやそうや、お母さんに教えてもろたから、ぼく知ってる。世界で一番大きい湖は淀《よど》川《がわ》や。なんたって淀川。あれは大きいよ」

ハヤシ君は、

「ジロー君は何でもよく知ってるなあ」

と感心した。お母さんに教えてもらったという言葉に説得力があったのだろう。得意顔のジロー君は、

「ハヤシさん、石原裕次郎《いしはらゆうじろう》知ってるか?」

「うん、知ってる、知ってる」

会話はとんでもないところへ展開していくのだ。こんな光景を説明したあと理《みち》が言った。

「かわいいね」

わが家の三人娘たちは、塾生たちのこんな会話には免疫《めんえき》ができているのだ。私は、娘たちの「かわいいね」という受け取り方がうれしかった。知識量で人間の価値が上下されるものでないことを、娘たちは塾生から学び取っているからだ。

「ジロー君が淀川と答えないで知らないと答えたら、彼らの会話はなんにもおもしろくないんだよな。でもテストだったら、淀川と書いても空白にしておいても両方ともバツなんだから、ジロー君とみんなは五十歩百歩《ごじゅっぽひゃっぽ》なんだよ」

こう言う私に、生意気盛りの庸《のぶ》が、

「お父さんの言いたいのは、ハヤシさんもジロー君も私たちも、たいして変わらないってことでしょう」

とブレーキをかけた。

「お父さんが何よりうらやましいのは、世界で一番大きい湖を淀川だと言い切って、あっけらかんとしておられることだなあ」

これだけは言わせてくれと頼《たの》んでしゃべった私の言葉に、娘たちはそろってうなずいた。

後日、私は冗談《じょうだん》で

「ジロー君、世界で一番大きい湖、知ってるか？」

と聞いた。すると彼は

「知ってる、知ってる。それは十和田湖《とわだこ》です」

と、あっさりと答えてくれるのだ。十和田湖は母と訪ねたことがあったのだった。

ジロー君が堤塾で暮らすようになって三カ月が過ぎた。彼は天真爛漫《てんしんらんまん》というか、実におおらかな性格で、たちまち周辺の人々の人気者になった。母親との距離を少しずつ広げていく親離れ、子離れの試みも順調にいって、すっかりここでの生活になじんでくれたと私たちは安心しきっていた。

ところが、計《はか》ったように三カ月たったその日、突然彼は母親のところに帰ると言い出して、テコでも動かなくなってしまった。どうしてなのか、私にはまったく理解できなかった。心の傷口《きずぐち》を広げないうちに、ひとまず母親の元に帰して、一からやり直すことにした。

母親にべったりくっついた生活が一カ月間続いた。その間私たちはチャンスを待っていた。

冬が過ぎて春が来た。庭にフキノトウが出始めたころ、母親が身体の不調を訴えるようになった。一カ月ぶりに会う母親の顔には、得体《えたい》の知れない発疹《はっしん》が出ていた。白髪《しらが》を染めた時に染料《せんりょう》にまけたくらいに思っているようだったが、私は何か悪い予感がした。

検査入院のために、かなり強引に親子を切り離して、ジロー君を堤塾へ連れ戻さなければならない。相当の苦労を覚悟したのだが、意外にも
「いいよ。ぼく、お母さんが元気になってくれるまで堤塾で暮らすよ」

そう言って、こちらが呆気《あっけ》にとられるほどスンナリ彼は塾へ帰ってきてくれた。

「ぼくではお母さんの身体の悪いこと、どうにもでけへん。お医者さんにまかしとくよりしようがない」

こんな言葉を何回も何回も繰り返して、彼は母親と別れてくれた。これは母親に言うより自分に言い聞かせているようで、不憫《ふびん》だった。妻は母親としての予感なのか、うっすら涙を浮かべていた。

検査結果が出た。末期肝臓ガン。残された命は一、二カ月。妻の予感が当たってしまった。

検査結果を私はジロー君の兄から電話で聞いた。兄の声は震《ふる》えていたが、私の心は意外に揺《ゆ》れなかった。なんだか、初めから定められているシナリオのような気がした。私の立場上、ジロー君の家族の事情にまで立ち入ることはできない。この場は「ジロー君は私にまかせてください」としか言える言葉はなかったのである。

もう一つ気になったのは、母親にガンを告知したのかどうかで、私はそのことを兄に確かめた。兄は、告知はしていないし、これからもするつもりはないと言った。

母親とジロー君に残された一、二カ月の時間をどう過ごさせるか、そして、その後をどうするか、これが問題だった。「安心してください。ジロー君は私たちの手で守りますから」と言いたいのだが、それを言えば暗に死をほのめかすことになる。かといって、ジロー君の将来について不安な気持ちのままで病《やまい》と闘《たたか》ってほしくない。たとえ私の演出であっても、彼が堤塾で安心して座る場所を見つけたと、母親には思ってほしかった。どうすればいいのか、私は考えあぐねた。

私は妻とも相談して、できるだけ短い時間の面会を数多く重ねることにした。残酷かもしれないが、深い会話は避けるべきだと判断したのだ。彼にも母親にも、永遠の別れの日がすぐそばまで近づいていることを悟《さと》らせないためである。そして私は、この親子の面会につとめて無言で立ち会うことにした。私はいつも簡単なあいさつだけで、窓辺《まどべ》に立って外の景色を眺めながら、背中で二人の会話を聞いていた。情に流されるな、これが私の仕事なのだと言い聞かせてはいても、ころあいを見計《みはか》らって二人を引き離す仕事はつらかった。

「ジロー、お母さんも頑張るから、いい子にしているのよ。約束よ」

「うん、ぼく約束守るから、お母さんも必ず元気になるって約束してな」

手と手を握り合って、この会話だけの面会を繰り返した。約束を守り合うことが、親と子の唯一の絆《きずな》だったのである。

「今日のお母さんの声、大きかったよ」

「今日のお母さんの手、温《あたた》かかったよ」

彼の報告に私の心は痛んだ。日に日に母親の容体《ようだい》は悪くなっているのだ。しかし、衰弱していく母親の姿は彼の目には映らないらしい。これこそ神からジローへの御計《おはか》らいでなくて何であろう。

母親の方から一方的に約束を破らなければならない時が来た。「お母さんも頑張るから」と言えなくなってしまったのだ。

その日はいつものような短い面会のあと、病院のロビーまで出てきた私は、何か感じるものがあった。

「お母さんにもう一度会ってきなさい」

そう命じた。

その三時間後、母親は静かに息をひきとった。訪《おとず》れた春を見てもらうためにジロー君が摘《つ》んできた鮮やかな黄緑色《きみどりいろ》のフキノトウが、ジロー君に代わって母親の臨終《りんじゅう》に立ち会ったのだった。

「あなた、不思議じゃない」

母親の訃報《ふほう》を聞いて、妻が言い出した。

「私、お母さんのガンがわかった日から、ずっと考えていたの」

妻が言うには、ジロー君の同窓生の家族のご不幸の日に西原先生に会ったこと、三カ月間ジロー君が堤塾にいたこと、そして一カ月間、母親にべったりの生活であったこと、これら一連の出来事はたまたまそうなったのではなく、なるべくしてなったことのように感じるというのだ。

「あの三カ月の間、お母さんから私にしょっちゅう電話がかかってきては、『私、こんなに幸せでいいのかしら』って言われるの。お母さんにしてみれば、ジロー君が生まれてこのかた味わったことのない自由を味わわれたんだと思うわ」

「そうすると、あとの一カ月間はジロー君のためにあったわけだな」

私が付け加えた。妻の言おうとしていることが理解できたからだ。

「三カ月間はお母さんのために、一カ月間はジロー君のために神様が用意してくださった時間だったんだね、きっと」

「そう。だから私、ジロー君のお母さんを不幸だなんて思わないの。信仰深いお人だったから、きっと、たすけられている喜びを実感しながら亡《な》くなられたと思うの」

今、ジロー君は、母親との約束をしっかり守って、楽しく陽気に堤塾で暮らしている。

私と妻は霊前に約束した。

「お母さん、安心してください。私たちがジロー君のもう一人の父親、もう一人の母親になりますから」

この約束を私たちは、いつまでもいつまでも守らなければならない。

タイガースファン

コーヒーショップをやっていたころ、プロ野球はどこのファンかと聞かれればジャイアンツと答えるようにしていたのは、支持者の多いチームをあげておく方が無難だと安直に考えただけのことなのに、いつのまにか熱狂的ファンということにされてしまった。奈良は土地柄タイガースファンが多い。やれジャイアンツだの、やれタイガースの議論は罪がなくていいものだ。だがこれは営業用のこととして、ほどほどにしておかなければならなかったのに、つい熱を入れ過ぎて、たかがリーグ戦の一敗でも私は不機嫌《ふきげん》になるようになった。そのためジャイアンツが負けた翌日は、家族も塾生《じゅくせい》も道場の子供たちも私を避《さ》けるようになってしまった。

そこへ、熱烈タイガースファンが塾生になった。広島県出身だから当然カープファンだと思っていたのだが、彼は筋金入《すじがねい》りのタイガースファンで、野球知識は私より多い。

広島県福山市の教育委員会に勤めていた藤井基彦《もとひこ》先生から、タイガースファンの彼を塾生に加えてくれないかと打診された。だが、その時私は、ジロー君が塾《じゅく》の生活になじみきってくれていないことを理由に、お断《ことわ》りした。

ところが、それから一週間もたたないうちに、Kちゃんが塾を出ていくことになった。ご両親の住む家の近くに新しい施設ができたからだ。これはKちゃんの意思でそうなったわけでもなければ、こちらに問題があったのでもなく、悲しいことに家族関係にその原因があったのである。

Kちゃんは、一麦寮《いちばくりょう》の修業を終えて帰ってきた彩《あや》とは相性《あいしょう》がよくて、いつも金魚の糞《ふん》のように後《うし》ろをついてまわっていた。彩は彩で二十歳も年上の彼を弟のようにかわいがっていた。若い彩と行動を共にすれば、はるかに運動量が増える。そうするとKちゃんは風邪《かぜ》もひかなくなり、性格も以前とはくらべものにならないくらい明るくなって、意思表示や自己主張ができるようになった。彩との組み合わせは大成功だったのだが、奪《うば》い取られるように彼は堤塾《つつみじゅく》から消えていった。

私は、この出来事を偶然とは考えなかった。藤井先生からの申し出を、面会することもなく断ってしまったことに対してのツケが回ってきたのだと解釈した。だから私は失礼をわびて、会うだけでもいいから彼に会わせてほしいとお願いした。

近鉄筒井《きんてつつつい》駅で出迎えた私は、タイガースファンの彼を見て、思わず心を後《あと》ずさりさせてしまった。髪《かみ》を七三《しちさん》に分けて、渋い色のスーツにネクタイ姿は、だれが見ても中堅サラリーマン風なのである。私は、今日は本人が来ないで、藤井先生と母親、それに親戚《しんせき》の人の三人で来たのかと思った。しかし、視線を見破られないようにしてよく観察すると、スーツの胸ポケットに何か光るアクセサリーをつけているので、この人がタイガースファンかと思った。それでも私は、失礼なことがあってはならないと思い、こちらからこの人かとは聞けなかった。

わが家の座敷に通しても、威風堂々《いふうどうどう》の風格にはスキがなかった。

「タバコすうてもいいですか?」

「はい、どうぞ、どうぞ」

が、彼と交《か》わした最初の会話だった。私たちの会話にも彼はすべて反応しているのだ。疑《ぎ》心暗鬼《しんあんき》になってしまった私は、チラッチラッと彼の様子をうかがうだけで、肝心《かんじん》の用件を切り出す勇気がわいてこなかった。いつまでも世間話ばかりする私に業《ごう》を煮《に》やしたのだろう、とうとう藤井先生の方から

「実は………」

と切り出した。やっぱりこの人かと私の心は揺《ゆ》れ動いた。

その日は面会だけということで帰っていただいた。

彼の知的障害の程度は軽い。しかし普通の知的障害者であれば、対人関係はおおむねよく、集団行動もだいたいできるのだが、彼の場合、何かの原因で社会になじめず、対人関係も苦手《にがて》で、このため周囲に迷惑をかけるといったことがあるようだ。だから知的障害とは別に、彼には軽い精神疾患《しっかん》もあるのではないかというのが私の勝手な判断だった。

そんな彼を塾生として引き受けるかどうか、私たちは何回も何回も家族会議を開いた。

「タバコをどうする？　彼ってラークを一日に三箱もすってるそうよ」

「お兄ちゃんたちはお父さんの散髪《さんぱつ》でみんな坊主頭だけど、きっといやがるわね」

「精神科のお薬を飲んでいるそうだけど、大丈夫かしら」

娘たちは三者三様《さんしゃさんよう》の不安を口にした。私も同感だった。会議はいつも暗礁《あんしょう》に乗り上げてしまうのである。そして、ついに決断を下さなければならない時が来てしまった。

「問題を先送りしていては何も解決できないしなあ」

私の意見を受けて、

「そう、案ずるより産むが易《やす》し、よ。やってみなければ分からないのだから、問題にぶつかった時、またみんなで考えたらいいわ。そうそう、マサヒロ君って呼ぶの堅苦《かたぐる》しいから、マサちゃんて呼ぶことにしようよ」

と妻が言った。これで彼の受け入れが決まった。

「やっぱりお母さんの血液型はO型ね」

と理《みち》が言った。

彼は方言まるだしの言葉づかいだ。私も妻も学生時代の剣道部の春夏の合宿は、四年間ずっと福山市の剣道連盟のお世話になっていたので広島弁は耳慣《みみな》れているが、塾生たちは彼の言葉を聞いて目を丸くした。

「なつかしいなあ、広島弁は」

と言うと、

「ぼくが使《つこ》うとるのは、広島弁じゃのうて福山弁じゃ。広島弁と福山弁はちごうとるんじゃ。福山弁は名古屋弁に近いんじゃ」

と、いつも訂正される。なぜ名古屋弁に近いのか歴史的背景まで教えてくれるが、私には広島弁も福山弁も同じように聞こえる。

彼は、タイガースと福山弁には強いこだわりを持っているので、こちらもそれなりの神経を使わないと、彼のプライドに傷《きず》をつけることになりかねないのだ。塾生たちは、聞きなれない広島弁、いや福山弁で威圧的にしゃべるマサちゃんに初めはたじろいだ様子だったが、やがてそれもなれてしまった。堤塾にとって彼の参入は、鎖国《さこく》時代の日本に黒船がやって来たのと同じような出来事だった。

堤塾の偏差値《へんさち》の平均が上がったことのほかに、彼の持ってきた異文化《いぶんか》は塾の活性化《かっせいか》に役立った。会話が増えて高度になったため、塾生たちのボキャブラリーが増えた。マサちゃん効果は確実に認められた。彼もタバコを一日一箱に減《へ》らし、頭髪《とうはつ》もスポーツ刈《が》りにして歩み寄りをみせてくれた。

ただ、不安の種《たね》が三つある。

一つは、彼の大いびきである。たぶん塾生のだれもが閉口《へいこう》しているだろう。彼のは「イビキ」というより「ヒビキ」なのである。このため塾生たちには、彼が寝る前に寝てしまうという知恵が出てきた。

二つ目は、私と衝突《しょうとつ》しないかということである。彼の日課は、私たちの居間でタバコを一服すって、そのあと朝刊を隅《すみ》から隅まで読むことから始まる。タバコをすうのは私たちの居間でと約束してあるのでしかたがないが、新聞を読み始めると、だれが何と言おうとテコでも動かない。その態度が私よりデカイのだ。社会面とスポーツ欄《らん》は特にきびしくチェックしているので、プロ野球の結果などはテレビや新聞を見るより彼に聞く方が手っ取り早くて便利なのだが、耳障《みみざわ》りなのは、かならずタイガースから見た野球解説が付け加えられることだ。私は、これも大切なコミュニケーションだと、我慢に我慢をして聞いているが、これはとてもつらい仕事なのである。彼のベッドには大きなタイガースフラッグが飾ってあるのだが、塾長《じゅくちょう》の私としては、これが目障《めざわ》りで気に入らないのだ。

三つ目の不安は、彼の自尊心《じそんしん》の強さだ。集団生活のなかでの強すぎる自尊心は、人間関係の上で時として障壁《しょうへき》となる。

塾生の仲間に入って肝心なことは、彼がどの位置に座る場所を見つけるかということだ。私にしてみれば、年長者のカワシマ君、ハヤシ君、そして彼という序列が最もバランスがとれたものと考えていたのだが、彼はトップの座か二番手をねらうだろうことが予測された。しかし、これは困るのだ。そうなると、カワシマ、ハヤシの二人に大きなストレスとなってしまうからである。

予想していた日がきた。ハヤシ君とマサちゃんの大ゲンカが始まったのだ。私はチャンス到来とばかりに、そのケンカに割って入った。私の仕事は、このケンカを利用して彼の座る場をつくることなのだ。

「ハヤシさんが、あれせい、これせいとえらそうに、いちいち指図《さしず》するんじゃ」

彼は血相《けっそう》を変えて怒っている。この場合、どちらの言い分が正しいのかは、私にとって問題ではないのである。ハヤシ君のためにも、マサちゃんのためにも、これからの長い生活のために、きちんとした縦《たて》の序列をつくってやらなければならないのだ。

「あやまれ、あやまりなさい。お前とは親子ほどの年の差がある人に対して、えらそうにとか、うるさいとは何事だ」

こういう時は彼の数倍の声を出さなければならない。彼は、ノドチンコが飛んで出るほどの大声で怒鳴《どな》る私のけんまくにひるんだ様子だったので、私は間髪《かんぱつ》を入れず、年長者を大切にできない者は人間として失格だとまくしたてた。ところが彼は、なかなか参ったとは言わない。挙《あ》げた手を降《お》ろせないのだ。理性とか自尊心が邪魔《じゃま》をするのである。五分、いや十分は経過しただろうか、彼はようやく私には勝てないと思ったのだろう、

「ハヤシさん、ごめんなさい」

と、あやまってくれた。

「ごめん、ごめんやで」

と、ハヤシ君も素直《すなお》にあやまって握手を交わし仲直《なかなお》りした風であったが、マサちゃんはま

だ腑《ふ》に落ちない顔つきだ。

私は彼を座敷へ連れていって、こんこんと説教した。二時間ほどしてやっと、彼の顔の相をいつも通りにもどすことができた。私は、こんな経験は初めてである。他の塾生たちなら三分もあれば充分《じゅうぶん》なのだ。

「さあ、みんなでコーヒーでも飲みなさい」

と言うと、

「はい」

と、うれしそうに返事をして、マサちゃんは座敷から出ていった。その足取りの軽いのを見て、私は一安心した。これでなんとか彼の座る場所が決まったのである。

様子をうかがっていた妻や娘たちが集まってきた。

「かわいそうね、マサちゃん」

と彩《あや》が言った。

「なまじっか知恵や知識があるばかりにね」

妻の言葉は重かった。

「これでやっと一つのハードルを越えてくれたなあ。しかし、まだまだ越えてもらわないといけないハードルがある。最後のハードルは、薬に頼《たよ》らなくてもいいようにすることだ」

私は、マサちゃんがいれてくれたコーヒーを一口飲んで、タバコに火をつけた。タイガースファンとの対決は、まだまだ続きそうなのである。

へその緒

タカオ君が絵を描くようになった。

授産所《じゅさんじょ》への行き帰り、彼はきつい「いじめ」にあって、それがもとで心を病《や》んでしまった。一定の周期で幻聴《げんちょう》があり、興奮すると暴力的になって、周りの人たちをてこずらせていた。また、それとは逆に彼は、哲学者がもの思いにふけっているかのように沈黙を続けるのである。

冷たい見方をすれば、これを、そう状態とうつ状態が交代で起きてくる気分障害の精神疾患《しっかん》と呼ぶことになるのだろう。しかし、ふだんは彼の人徳なのだろうが、えも言われぬ温《あたた》かさがあって、周辺の人々からは強く愛されている。これはタカオ君の家族の温かさと同一《どういつ》のものだ。

「いじめにさえあわなかったら」

私たちがいつも思うことなのである。彼が「そう」の頂点に達してパニック状態になったとしても、幾度ともない経験から堤塾《つつみじゅく》流の手だてをあみだしているので、今では、

「そろそろだよ」

とか、

「始まった、始まった」

と、日常的であたりまえのことのように受け入れられるようになっている。しかも彩《あや》がタカオ君に絵を描《か》かせるようになって、その道のスペシャリストとはいかないが、おおその彼の心の状態が読み取れるようになった。そして彼自身、絵を描くようになって精神的なゆとりとか安定とかが得られているのだろうか、以前にくらべると、はるかに気分障害の症状は和《やわ》らいできているように見受けられる。

彼の絵は、彩の
「お母さんに手紙を書こうよ」

から始まった。気分障害の治療方法の一つとして、やさしい母親の存在を意識させることを試《ため》してみたのだ。長い文章は無理だろうと、官製ハガキに十二色の色鉛筆で絵手紙を描かせたのだが、一枚目から味のある絵を描いて娘を驚かせた。

娘に、ひらめきのようなものが走ったのだろうか。急いで画材店に行った娘は、数種類の紙質のスケッチブックや絵手紙用ポストカード、何十色セットの色鉛筆やクレヨンを、自分の小遣《こづか》いをはたいて買ってきて、彼にあてがった。

「自由にやらせてみるわ」

この言葉は、私に手出し、口出しをさせないための言葉だったのだろう。多少絵心があって、すぐにかまいたくなる私の性格を娘はよく知っているからである。私と組めば、彼の独創性がなくなる。この際、彼にとって私は邪魔者《じゃまもの》なのだ。私も、それはその通りだと思った。以前、どこかの知的障害者施設の絵の作品展を見に行ったことがあった。たしかに絵は美しく完成されたものばかりだったが、どの作品にも見る者を引きつけるものがなかった。それは指導者の教えすぎのせいだと思われた。そのことを私はいつも娘たちに話していたので、娘は私を遠ざける行動に出たのである。

彼の手法は、画面中心に主題を描く。これは

「人か」

と聞くと、

「人です」

と答える。よく見ると、そうではなさそうなので、

「犬か」

と聞きなおすと、

「そうです」

と答える。私の質問がわずらわしいのか、それとも、口では言えない彼だけのものなのか分からないが、シンボリックな何かを置いて、そこから渦巻《うずま》くようにカラフルに波紋《はもん》をひろげていくのだ。その波紋の色使いが私たちをうならせるのだが、彼独特の斬新《ざんしん》な色調は感動的だ。

描きたい時に自由奔放《じゆうほんぽう》に描かせるために、ほめ上手《じょうず》な人を選んで、彼の意思で彼の絵を見てもらうようにさせている。そうすれば、ますますその気になるだろうと考えてのこと

である。唯一《ゆいいつ》、私が彼の絵に係《かか》わらせてもらっているのは、ほめ上手な人を探《さが》すことだ。

ある日、彼は仲のいい元渕《もとぶち》さんに自分の絵を見せていた。

「タカオ君、すごい絵が描けるな。すごいすごい。いっぱい描いて、またおじさんに見せてな」

むずかしい言葉を並べるより、単刀直入《たんとうちょくにゅう》に「すごい」を連発する方が、タカオ君が喜ぶことを見透《みす》かしてのほめ言葉である。

「うん、いいのが描けたら、おじさんにもあげるからな」

彼はすっかり画家気取りなのだ。

彼が席を離れたのを確かめてから、

「タカオ君の絵はいったい何なのだろう」

だれ言うとなく話題はその方に移っていった。しばらくの沈黙を破って元渕さんが言った。

「これはタカオ君の胎内体験《たいないたいけん》を描いているんじゃないかなあ」

胎内体験という言葉を聞いて、そうだ、それにちがいないと、その場に居合《いあ》わせたみん

な は手を打った。元渕さんの説によると、子供は母親のおなかのなかにいる時から、目は見えるし耳も聞こえていて、お母さんとの対話もできるという。そして、おなかのなかの景色が子供の深層心理《しんそうしんり》に焼きつけられていて、それが生まれて後に何かのきっかけでよみがえってくるのだという。胎教《たいきょう》として、美しい音楽を聞いたり、きれいな絵を見たりするが、あれは、そうすることで母親が豊かな美しい心になることの大切さを教えているというのだ。

「きっとタカオ君も、お母さんのおなかのなかでは、安らかで幸福に満ちていたんでしょうね」

元渕さんの奥様も、同感、同感を繰り返していた。

豊田大《とよだだい》の将来の夢は、武道家《ぶどうか》になることだ。私の目で今、彼を見る限り、素養《そよう》はある。そのうえ、剣道に取り組む姿勢、態度は、中学一年生とは思えないくらいすばらしいものがある。だから、本格的な修業のために師を求めて全寮制《ぜんりょうせい》の私立中学に進学することに、私は反対しなかった。

桜の花の咲き始めるころ、いよいよ親と子が離ればなれに暮らさなければならない時がきた。私は、子供より親の方が淋《さび》しさに負けてしまわないか心配だった。私たち夫婦も、娘たちに十日程度の旅をさせただけでも、心配と淋しさで耐《た》えられない時があった。子供を寮に送り届けたその足で、母親が報告に来てくれた。

「まだ泣いているの。心配した通り、やっぱり涙なしの別れにならなかったようだね」

まっ赤になった彼女の目を見ながら、私は意地悪な言葉を使った。

「ちがいます、ちがいます。これは花粉症《かふんしょう》のせいです」

彼女は白いハンカチを目に当てながら、手を横にふった。

「もちろん、こみあげてくるものはありました。けど、大はあっけらかんとしているんですよ。そして、早く帰ってくれって言うんです。私、うれしいような、かなしいような複雑な思いで帰ってきました」

「そりゃあ男の子だからね。でも口と腹はちがうと思うよ」

「そうでしょうか。でもね私、今日いいお話を聞かせてもらいました。師範《しはん》の奥様が『お母さん、ここにあずけたら安心してくださいよ。お母さんが心配したり不安がったりしますと、その心が子に伝染《でんせん》するんです。スランプになったり大ケガしたりするんです。長い私の経験から、これははっきり言えることなんです』とおっしゃるんです。これって説得《せっとく》力《りょく》があると思いませんか。私、取り越し苦労はやめて大の力を信じることにしました」

「その話、わかるような気がするな。だって、おなかのなかでは十月十日《とつきとおか》、子供は母親としっかり『へその緒《お》』で結ばれていたんだから、『へその緒』が切れても、ずっと見えない糸で結ばれているんだろうね」

「そうですね。こんなこと私、今まで考えてもみなかったことです。母親として私自身、胸を張って堂々と生きていかなくちゃと思います」

へその緒談義《だんぎ》はここで終わったが、いつまでも心に残る、ちょっといい話だった。


初夏の風が吹くころ、コーちゃんの様子がおかしくなった。情緒《じょうちょ》が不安定で手がつけられない日が続いた。暴力的になり、それは物だけでなく、人に対しても攻撃的な行動をとるのだ。それが昼間だけならいいのだが、夜中にまで及ぶとなると、塾生《じゅくせい》たちだけでなく、私の娘たちまでが夜も寝ておられなくなってしまった。私は、コーちゃんがこれほど荒れる理由をいろいろ考えてみたが、思い当たるものは何もない。これまでも季節の変わり目には情緒が不安定になったが、今回とは比較にならないくらい軽いものだった。また、新しく塾生に加わったマサちゃんとの関係もうまくいっているから、塾生間に彼の気にいらないことがあるとは思えない。さらに、おもちゃ好きな彼にそのころ、とりわけ欲《ほ》しいものがあったとも見受けられなかった。人ではなく物でもないとなれば、何が彼をそうさせるのか、私はまいってしまった。そんな時、妻が何かに気づいたようだ。

「きっとそうだわ」

「何が」

「あなた、犬よ犬。犬にちがいないわ」

あなた、犬よと言われても、合点《がてん》がいかなかった。

「大ちゃんの『へその緒』の話と結びつけて考えてみたんだけど、コーちゃんの家にゴールデン・レトリバーの子犬が十一ぴきも生まれたそうじゃない。コーちゃんのお母さん、子犬のことで、てんてこまいだと言ってたわ。きっとコーちゃんどころではないのよ」

そう言われれば、その通りなのだ。前回、コーちゃんの衣類を持ってきてくださった時も、話題はもっぱら犬のことだった。私はすぐにコーちゃんの母親を呼び寄せた。

「信じてもらえないかも知れませんが」

と前置きして、豊田大が全寮制中学へ入学した時のことを話した。

「失礼ですけど、お母さん、コーちゃんが荒れる原因はこれにしか見いだすことができないんです」

「先生、その通りだと思います。私の頭のなかは子犬のことでいっぱいでした。コーちゃんどころではなかったんです。今すぐ考え方を改めます。あの子に悪いことをしてしまいました」

コーちゃんのご両親は、そろって信仰心のあつい人たちである。祈りの心を持っているから、へその緒の話はスムーズに通じた。

その日からコーちゃんはいつものコーちゃんになった。

「不思議だなあ、へその緒か」

「そうよ、母親の存在って大きいんだから」

妻がニコリと笑った。

インフルエンザ

「おかしいなあ」

ハヤシ君が不思議がる。

「なにがおかしい？」

マサちゃんが聞き返す。

「アホはカゼひかん言うやろ。あれウソやで」

ハヤシ君が首をかしげながら言う。

「なんでや？」

ジロー君が横から聞く。

「みんな、アホはカゼひかん言いよるけど、あれはウソや。ぼく今年きついカゼひいてしもうたもん」

とハヤシ君。

「そうやな。やっぱしウソやな。やっぱしぼくもカゼひいてしもうたからなあ」

ジロー君の言葉には「やっぱし」がよく入る。

物知り博士のマサちゃんは、こんな会話にはついていけないと、そっぽを向いてしまった。


この冬、インフルエンザで一週間ほど寝込んだハヤシ君は、体力を落としてしまった。春を迎えて、体力回復のための散歩を彼の日課にさせている。散歩の相手は、すぐ命令口調になってしまう私より、底抜けに明るいジロー君が適任である。その日は、塾《じゅく》の見習い期間中だったマサちゃんも散歩の仲間に入れて、屋敷のなかを小一時間ぐるぐる何回も歩いていたのだった。

この情景は彩《あや》から聞いたものだ。塾生《じゅくせい》たちの自由な行動も、私たちはそれを野放《のばな》しにすることはできない。遠くから彼らの行動を見守らなければならないのだ。細心《さいしん》の注意を払っているつもりでも、コーちゃんにはブラッと出ていかれ、大捜査線をひかなくてはならないハメになる失態《しったい》は、これまで何度となくあった。コーちゃんにとっては散歩のつもりでも、帰り道を記憶する装置が時々働かなくなることがあるから、始末《しまつ》が悪い。駐在所のお巡《まわ》りさんや、道場関係者のネットワークや、陰になり日なたになって堤塾《つつみじゅく》を支《ささ》えてくださっている人たちのおかげで事なきを得ているのである。油断は禁物《きんもつ》なのだ。

その日は、彩が花畑の手入れをしながら、彼らの散歩を遠まきに監視していた。ジロー君とマサちゃんの行動パターンが、まだつかみきれていなかったからだ。道場の庭のベンチで小休止《しょうきゅうし》しながら、大声の会話が始まったのだった。

「おかしいなあ。アホはカゼひかんていうけど、ぼくカゼひいてしもた」

彩は吹き出しそうになったのだが、ぐっとこらえたそうだ。「そうね、不思議ね」と相槌《あいづち》は打てないのだ。

「三人の会話はほんとうに真剣だったんだから」

情景の一部始終《いちぶしじゅう》を聞いた私は、あっけらかんとこんな会話ができる三人をうらやましく思った。

ハヤシ君は昭和二年生まれで、もう七十歳を越えた。

「時の流れって速いものねえ。私が小学生のころ、いつもハヤシ君と一緒にバケツを持って、近くの小川へザリガニやドジョウを取りに行ったのよ。きのうのことのように思うけど、もう四十年もたったのねえ」

ハヤシ君は、妻とはいい遊び仲間だった。当時は妹のようにかわいがってくれたそうだ。時が流れて今、彼は妻を母親のように慕《した》っている。

カワシマ君、ハヤシ君の二人の高齢者を筆頭《ひっとう》に半世紀の歴史を刻《きざ》んできた堤塾は今、知的障害者施設、精神障害者施設、それに老人ホームをごちゃまぜにしたような様相《ようそう》を呈《てい》してきた。ある意味で、これからが正念場《しょうねんば》なのだ。特に彼らの健康管理が私たちの大きな仕事である。彼らが元気に陽気に毎日を送ってくれることが、私たちの最大の喜びである。ところが、気をもむこともしばしばである。元気のない塾生に、

「どこか痛いのか？」

と聞くと、

「はい」

と答える。

「どこも痛くないか?」

と聞いても、

「はい」

と答える。問診《もんしん》はほとんど不可能なのだ。

このような状況下《じょうきょうか》で、主治医《しゅじい》の横山嘉璋《よしあき》先生の存在は大きい。塾生たちは先生を父のように慕っている。先生は内科医だが、塾生にとっては精神科医でもあるのだ。先生の「大丈夫」の一言が特効薬なのだ。歩いて二、三分のところにある医院に行って先生の顔を見るだけで、元気になって帰ってくることがあるから不思議である。特にカワシマ君、ハヤシ君は先生とは長いおつき合いだから、なおさらだ。

もう二十年も前のことだが、塾生も家族もみんなひどいインフルエンザにかかってしまった。しかも、それは新型の悪性のもので、激しい上《あ》げ下《くだ》しを伴《ともな》った。ただ、私と、もう他界《たかい》してしまったがアカマツ君の二人だけが、奇跡的にかからなかった。ハヤシ君に言わせれば、私たち二人は「アホ」だったのである。

全員を入院させるわけにもいかず、横山先生の決断で、わが家で治療《ちりょう》することになった。ふすまをはずして二つの部屋を一つにし、塾生たちを一列に寝かせ、柱と柱の間に張ったロープに点滴《てんてき》のビンがずらりと吊《つ》り下げられた。家族も別の部屋で同じような格好《かっこう》をしていた。まるで野戦《やせん》病院である。わが家のことを知り尽《つ》くしてくださっている先生がいて、道場生の母親の吉本さんが看護婦であったからできたことであった。

しばらくは、おかゆ程度ですますことはできるのだが、ヤマ場を越えてくれると、栄養のあるものを用意しなければならない。当時私が作れる料理は、みそ汁と目玉焼きくらいで、もう一人のアカマツ君は、茶碗をならべることぐらいしかできなかった。

おかゆと梅干《うめぼ》しから固いご飯に変えた時、最初に出したのは、みそ汁とハムエッグだった。ところが、私の作ったみそ汁を一口飲んで、みんなが妙な顔をした。特に義母《はは》と妻は何か言いたそうな顔だった。あわてて私も口にしてみると、漢方薬《かんぽうやく》のような味がする。原因は、だしパックと思って使ったものが、実はゼンソク持ちの塾生のための漢方薬で、パック入り煎《せん》じ薬だったのである。湿気《しっけ》ないようにと妻が、カツオだしの空きカンに入れ替《か》えてあったのだ。後日、調理の途中でなぜ味見をしなかったのかと妻に問い詰められたが、失敗は往々《おうおう》にしてこのように起きるものだと私は反論した。この失敗談は今も笑い話の夕ネになっている。あの時の「まずい」と言えないみんなの顔を今も忘れることができない。以来私たちは、インフルエンザ過敏症《かびんしょう》になってしまった。

ハヤシ君は体質的に太る質《たち》で、やや肥満である。そのせいか、半《なか》ば強制的に歩かさない限り、自分から歩こうとしない。寒い日や雨の日は一日中テレビ番だ。この悪循環《あくじゅんかん》が原因で、今年のインフルエンザでは彼一人が重症者になってしまったのだと私は考えた。

「私、ゾーッとしたわ。ハヤシ君ったら『ぼくもうあかんわ』って言うの。昨日、横山先生と、塾生たちの年齢は実際の年齢に十歳以上プラスして考えた方がいいかも知れないって話し合ったばかりでしょう。私、ハヤシ君に『そんなこと考えたらいかん。すぐによくなるから』と怒るように言ったけど、みんな精神的に弱いでしょ。彼の年齢に十歳以上プラスしたら、もう何が起きてもおかしくはない年齢になっているのよ。ハヤシ君を寝かせつけながら、私、何ともいえない気持ちになったわ」

ひどい下痢《げり》で汚《よご》してしまったパンツを替え終わってから、妻が私に言うのだ。私だって表現しようのない気持ちなのだ。

「これからは精神的なケアが必要だな」

私はこれだけ言うと、それ以上よけいなことは考えないことにした。

妻や娘たちの看護と横山先生の指導のおかげで、ハヤシ君は元気を回復した。

「こんどはどこへ連れて行ってほしい？」

「そうやなあ、こんどは動物園がエエわ」

「そうか、動物園か。動物園は広いから、いっぱい歩かなあかんよ。しっかり足を鍛《きた》えとこうなあ」

こんな論法でハヤシ君を歩かせているのだ。彼も、

「動物園や動物園や。動物園へ行かんならんから運動や」

と、はりきっている。

このところ、ハヤシ君とジロー君、そしてマサちゃんの、わが家の庭をグルグル回るだ

けの散歩が、堤塾のひとつの風景になってしまった。陽気な三人組の大きな笑い声は、私たちをホッとさせてくれるのである。

ツバメの宿

塾《じゅく》にとって、ひさかたぶりのホットでビッグなニュースである。

老朽化《ろうきゅうか》した母屋《おもや》での塾生《じゅくせい》たちの暮らしは、とても快適とはいえなかったから、五年前、母屋につづく納屋《なや》をつぶして、彼らの居間を新築した。朝日が当たる東向きの窓辺《まどべ》には、彩《あや》が、四季おりおりの草花が楽しめるように、ヨーロッパの住宅の窓辺のような吊《つ》り鉢《ばち》を取りつけた。わが家では最も明るくて快適な空間になった。

その塾生たちの居間にツバメが巣をかけたのである。おそらくツバメが巣をかけるのは、この屋敷の歴史が始まって初めてだろう。

五月初旬、一つがいのツバメが塾生たちの居間に入ってきて、エアコンの上で羽を休めていた。第一発見者のカワシマ君に手を引かれて見に行くと、その通りなのだ。その時私

は、この部屋に巣をかけるにちがいないと直感した。だから、

「みんな、ツバメがこの部屋に巣を作るから、静かにするんだよ。それから、窓は夜でも絶対に閉めないこと」

と戒厳令《かいげんれい》を出した。ところが、どんな戒厳令下であっても、静かにすることだけは無理なことなのである。

大声で会話をするジロー君とマサちゃん。機嫌《きげん》がいいと大きな手拍子を打つ癖《くせ》のあるコーちゃん。ボリュームをいっぱいにして一日中テレビをつけているハヤシ君。浮足立《うきあしだ》ってしまったカワシマ君は、道場の子供たちや来客を彼らの居間にひっぱりこんで「ツバメやツバメや」と、はやしたてる。静かにしているのはタカオ君とサトシ君だけである。
二、三日の間、ツバメは、この部屋のどこに巣をかけるか考えあぐねている様子だった。やっと東の壁面をここだと決めて、水田の泥《どろ》を運んできては巣作りを始めた。しかもそれは、一日中うるさく鳴っているテレビの真上《まうえ》である。
「よりにもよって、ツバメさん、何であんなところに巣をかけるの」

何にでも「さん」をつける妻は、またツバメにも「さん」をつけている。

「そうよ、他にも玄関とか、和光寮《わこうりょう》とか、道場とか、ここにはもっと安全で静かな場所があるけど」

娘たちも妻と同じように、このツバメの行動を不思議がった。理屈ぬきでツバメを歓迎しているのは塾生と道場の子供たちだけである。

「ツバメさんが家に巣をかけると、いいことがあるっていうでしょ。宝くじ買ってみようかしら」

「トンボさんも家のなかに入ってくると、なんとか言ったね」

私は妻をからかってトンボに「さん」をつけてみた。

「私、トンボはさん付けで呼ばないよ。トンボが家のなかに入ってくると、何かいい知らせがあるそうよ。いつもお母さん言ってたわ」

「それって迷信《めいしん》でしょ?」

「迷信で片づけてしまっては、夢がなくなってしまうわ」

「これは迷信ではないけど、ツバメが低く飛ぶと天気が悪くなるとか、ネズミが家にいなくなると火事が起きるとか、猫が顔をなでるとどうなるとか、いっぱい教えてもらったなあ。そうそう、ナマズもそうだ。地震の予知能力があるそうだよ」

私が、訳《わけ》の分かったようで分からない話をすると、

「要《よう》はお父さん、昔は人間と生きものとのかかわりが深かったと言いたいんでしょ」

理《みち》が助け舟を出してくれた。

「それにしても、どうしてあんなところに巣をかけたんやろ」

また話が振り出しにもどってしまった。

「わが家で、あの部屋だけは猫やヘビのような天敵《てんてき》が来ないからだろう」

「そう、私もそう思う。台所には毎晩、泥棒猫《どろぼうねこ》が来るし、廊下にはヘビがいるし。去年は何匹《なんびき》もカナリアがヘビにやられたんだから。お父さんの言う通りだと思うわ」

「でもお父さん、ヘビよりこわいのは人じゃない」

「それもそうだな。あの部屋は一日中だれかがいるからなあ」

「うちのお兄ちゃんたちは安全よ。本当に生きものが好きなんだから」

「ツバメもきっと人を見る目があるんだね」

夕食の食卓を囲んでの会話である。こんな他愛《たわい》のない会話のひとときが持てることに、

私は無上の幸福を感じた。これこそツバメが運んできてくれた「何かいいこと」なのである。

ところが、これ以上のいいことが塾生のなかに起きた。

サトシはいつも片隅《かたすみ》の人である。話し言葉が出ないから、いつも部屋の片隅でトランプ遊びに興《きょう》じている。子供のころ少しは話していたのだが、心ない「からかい」で、まったく話さなくなってしまった。よほど強いコンプレックスを持っているのだろう。彼が身振《みぶ》り手振《てぶ》りで自己主張するのは、よほどの時である。切羽《せっぱ》詰《つ》まらない限り、彼の自己主張はないのだ。

以前、彼は大の犬嫌《ぎら》いだった。犬を見ると奇声を発した。何かおそろしい経験があったのだろう。動物抜きの堤塾《つつみじゅく》は考えられないから、生まれたばかりのアラスカン・マラミュート犬を獣医のカズちゃんから分けてもらって、彼にあてがった。成犬《せいけん》になると六〇キロにもなる大型犬である。手のひらに乗るような子犬も、三カ月もすればかなりの大きさになる。彼はこの犬と遊ぶことで、どんな犬もこわがらなくなった。

私が聞いた彼の最初の声は、この奇声だった。しかし、彼とつき合って十年になるが、彼の声を聞いたのは数えるほどしかない。

最近、彩の努力で、「コップ」とか「ボーシ」とか言えるようになったが、それも、よほど機嫌《きげん》のいい時、「これなーに?」と聞いた時だけである。

自己主張をしない、言葉も使わないのが彼流の生き方なのだろうか。この彼流の生き方がいいのか悪いのか、私には分からない。ただ一つ私の立場で困ることがある。ものを言わないから健康状態を問診《もんしん》できないのだ。しかも自己主張をしないから、時には高熱を出していても私たちが気づかないでいることがある。だから、たえず顔の色艶《いろつや》を観察していなくてはならないし、便所で用をたしても水で流す前に彼の大便の状態を見ておかなくてはならないのだ。彼の健康管理には他の塾生以上の気配《きくば》りが必要なのである。

そんな彼に、私たちは胸がジーンとなるような大発見をしたのであった。

ツバメが塾生たちと同居するようになって一週間ほどたった、真夜中の出来事である。だれもいないはずの塾生たちの居間で物音がする。猫かと思ったが、そうではないようだ。

人の気配《けはい》がするのだ。寝室でその音に気づいた彩は、枕元の木刀を持って、忍《しの》び足で塾生たちの居間に近づいた。なかの様子をうかがうと、蛍光灯《けいこうとう》の豆電球のにぶい光のなかにサトシがいる。彼は、ツバメのために窓を開けていたのだ。

翌朝、私が茶の間に行くと、彩がもう起きていた。しかも顔がいつもよりさわやかだ。低血圧なのか夜型人間なのか分からないが、彩が私より早く起きることはまずないし、起きて一時間はいつも不機嫌《ふきげん》なのだ。

「めずらしいな、どうしたんだ？」

と聞くと、

「私、うれしくて寝られなかったの」

彩の顔がほころんだ。

「実は、夜中の二時ごろにね」

そう言って彼女は、昨夜の出来事の一部始終《いちぶしじゅう》を話してくれた。ツバメという同居者がいることをうっかり忘れてしまった塾生のだれかが、自分たちの寝室である和光寮へ帰る前に、居間の窓を閉めてしまったのだ。それに気づいたサトシは、わざわざツバメのために起き出して、窓を開けに来てくれたのだ。しかも夜中の二時に、である。

「サトシ君にこんなにやさしい心根《こころね》があったなんて、私いままで気がつかなかったわ。うれしくて、うれしくて、とうとう一睡《いっすい》もできなかった」

「うれしくて」を二度繰り返したことが、私にはうれしかった。

お茶をたてて持ってきた妻は、へーッ、へーッを繰り返しながら、

「今日は何かいいことがありそうな気がするね」

また「いいこと」に結びつけてしまう妻である。

寒の大根

妻は新聞を読む時、まず広告のチラシから読む。ウの目タカの目で食料品の安売り情報を集めるのだ。

私は私で、家計の助けになるようにと畑仕事に精を出している。その結果、野菜だけはかなり高い自給率になっている。一〇〇パーセントの自給率にしようと思えばできないことはないが、私自身若いころのような体力はないし、年齢《とし》とともに野暮用《やぼよう》が多くなって、畑仕事も思うようにはいかないのである。しかも、わが家では、一つの野菜を作るのにも、他人様《ひとさま》にはおそらく想像のつかない苦労があるのだ。ここでの農作業は、七人の塾生《じゅくせい》たちとの共同作業でやるという条件がつけられているからだ。私にとっては、それが一番の苦労なのだが、塾生たちにとっては、ストレスの解消と適度の運動という利点がある。わが家にとっては、これは重要なことなのである。

カワシマ、ハヤシの両君を除けば、他の者は農作業は未熟《みじゅく》で、これから長い時間をかけて教えなければならないのだ。近年の衛生教育は神経質すぎると思うくらい、塾生たちは汚《よご》れることを極度に嫌《きら》うのである。タカオ君は人差し指と親指の二本だけで草をひく。まるで汚《きたな》いものにでも触《さわ》るような格好《かっこう》だ。そして一本ひくたびにハンカチで手を拭《ふ》く。後で手を洗えばいいと言うのだが、土は汚いものという先入観はいつまでも拭《ぬぐ》い去ることができないらしい。ジロー君もそうである。そのうえ彼は重量級の体で畝《うね》の上を歩き回って、塾《じゅく》の耕運機《こううんき》では軽すぎてバウンドしてしまうくらいに土を踏み固めてしまうのだ。サトシは空ばかり見ている。コーちゃんは監督ばかりしている。マサちゃんは気まぐれで、彼の労働力を当てにすることはまだできない。そのうえ、種《たね》をまいてから収穫前までは、私が一緒でない限り彼らを畑には立ち入り禁止にしないと、とんでもないことになるのだ。塾生たちとの共同作業より、私一人でやってしまった方が早いと思えるわが家の農業事情なのである。

秋風が吹くようになって、大根のタネをまいた。一度たくあん漬《づ》けに挑戦したいと思って、例年より一畝多く作付《さくづ》けした。いっせいに芽《め》が出て、一回目の除草作業にKちゃんを連れ出した。Kちゃんはその後、新設された公的施設に転出していったのだが、几帳面《きちょうめん》で粘《ねば》り強い性格は農作業に向いているだろうと、カワシマ君たちの後継者として集中指導していた。

「今日は大根の畝の草ひきをやろう」

「ハイ」

「もうできるようになったね?」

「ハイ」

うかつにも私は彼の「ハイ」を信じてしまったのだ。彼は、「おいしい?」「ハイ」「まずい?」「ハイ」「いたい?」「ハイ」「いたくない?」「ハイ」といった具合に、彼の返事には「はい」はあっても「イイエ」はなかったのである。

私はわき目もふらず草ひきに熱中した。五メートルほど進んで、Kちゃんはと振り返ると、Kちゃんは一本一本ていねいに大根の若芽をひきながらついてきているのだ。

「こらこら、何をしてるんだ」

「ハイ」

Kちゃんは私が怒っている意味が分からないらしい。ポカーンとした顔をしている。

「大根と雑草の違いも分からんのか？」

「ハイ」

何を言っても「ハイ」でラチがあかない。すべては後《あと》の祭《まつ》りである。Kちゃんは、物干《ものほ》し場のような、何もないところの草ひきしかできなかったのである。しかしこれは、またタネをまきなおせばすむことだ。


妻が畑で棒切《ぼうぎ》れを振り回して、モンシロチョウを追っ払っている。チョウはそれをあざ笑うかのように舞っている。

「もう頭にくるわ。いくら追っ払ってもダメなんだから」

彼女は相当怒っているようだ。モンシロチョウは、大根の横のキャベツにタマゴを産みつけにきているのだろう。塾生や道場の子供たちのことを考えると、農薬は危険であまり使えない。だから畑は虫たちの楽園にもなっている。

「こんな小さな虫の命が安全なんだから」

と、作物《さくもつ》の安全性を主張しても、

「みんなの食べ物を虫に横取りされるなんて、しゃくだもの」

彼女が、安全より欲を優先させる恐ろしいオバサンに見えた。

その年はヨトウムシも大発生した。夜行性《やこうせい》で、夜になると土のなかから出てきて野菜を食い荒らすのだ。農薬を使用しないで退治しようとすれば、夜間に懐中電灯《かいちゅうでんとう》で照らして、一匹《いっぴき》一匹手で取らなくてはならない。

「今夜は六百匹も取れたわ」

妻はカンにいっぱいになったヨトウムシを私に見せるのだ。欲と道連《みちづ》れだからできる仕事である。

「これどうするの?」

と意地悪く聞くと、

「かわいそうだから、あなた何とかして」

と、罪《つみ》なことは私にやらせるのである。

霜《しも》の降《お》りるころ、大根は一人前の大きさになった。

ある日、畑に出てみると、何本かの大根の葉がしおれている。しかも持ち上げてみると、スポッと抜けてくる。

「どうしたんだろう。病気でこんなになったのではないようだから、みんな料理に使ってくれ」

と、葉がしおれてしまった、ひとかかえほどの大根を一輪車で台所まで運んで、妻に見せた。

「アッしまった！　大失敗。ごめんなさい」

妻は私に手を合わせてあやまるのだ。

「カワシマさん、カワシマさん、ちょっと来て」

妻はカワシマ君を呼びつけて、私の手を引いて畑に連れていった。

彼女の推理によると――

前々日、前日と、私は東北方面へ講演に出かけて留守だった。夕食のおかずにてんぷら

を揚《あ》げた妻は、だし汁《じる》に入れる大根おろしを作ろうとカワシマ君に、

「大きいお大根を一本取ってきて」

と頼《たの》んだ。カワシマ君は畑へ行くと、妻に言われたことを忠実に守って、大きい大根を探《さが》し始めた。一本抜いては、これは小さい、また一本抜いては、これは小さい、を繰り返したのだ。やっと思い通りの大きさの大根にめぐり合えて、小さいものはまたていねいに、一本一本元の穴にもどしてきたのだ。

妻の推理は当たっていた。カワシマ君は悪びれもせず、その通りだと言った。さすがに五十年を越す彼と妻とのつき合いである。彼のやることは、すべて手に取るように分かるらしい。

「私が悪かったのよ。大きいのを一本取ってきてと言わなければよかったのよ。一本取ってきてと頼んで、小さかったらもう一本取ってきてもらえばよかったんだわ。『大きいの』が余分《よぶん》な言葉だったのよ。さあこれから毎日お大根料理ばかりよ」

カワシマ君の肩をポンとたたいて、妻は台所へ消えていった。

カワシマ君は何でもできる。小学校低学年程度の学力はあるし、なにより社会性にすぐ

れている。いわば堤塾《つつみじゅく》の顔的存在で、彼を抜いて堤塾の歴史は語れない。ところが、彼を何でもできる人と信じすぎて、失敗をさせてしまうケースが多いのである。

正月前に、百本ほどのたくあん作りに取りかかった。何から何まで自分でやってみたかったので、妻には手出し口出しは無用と断《ことわ》ってあった。本屋でハウツー本を買ってきて、たくあん作りのノウハウを頭にたたき込んだ。

吹きさらしの寒風のなかで大根をきれいに水洗いし、ワラ縄《なわ》でしばってカキの木に吊《つ》るした。一週間ほどそうすればよいと書いてあったからだ。

ところが翌朝、吊るしておいた大根のうち五十本ほどが消えている。これはだれの仕業《しわざ》なのか、すぐに分かった。畑に行ってみると、思った通り一本一本元の穴に戻してあったのだ。これはコーちゃんが犯人だ。昨日の吊るす作業はカワシマ君と私の二人でやった。コーちゃんは参加しなかった。そばで見ていたコーちゃんは、カキの木に大根をほったらかしにしてあると勘違《かんちが》いして、片づけてくれたのだ。寒くて半分しかできなかったけれど。

「たくあんの重《おも》しに茶袋《ちゃぶくろ》」という諺《ことわざ》がある。少しも効果がないことのたとえである。私は、もう何回こんな失敗を繰り返してきただろうか。教えればできるようになることもあれば、教えてもできないこともある。これを見極《みきわ》めることが大切なのだ。信じることは、すべての基本であるけれども、信じ過ぎると罪つくりになることもあるのだ。この見極めもまた重要なことなのである。

だがしかし、心得ているつもりでも、たくあんが塾生で茶袋が私という関係を延々《えんえん》と続けているのである。

みんなの歌

音楽療法《りょうほう》の研究では奈良県は全国でもトップレベルにあるそうだ。

塾生《じゅくせい》の毎日の生活に音楽はいい効果があるだろうとは思っているが、音楽療法を今から体系だてて学ぶには遅すぎるとしりごみして、最近では塾生の暮らしのなかに音楽を取り入れようと努力する程度にとどめている。

「生兵法《なまびょうほう》は大怪我《おおけが》のもと」という諺《ことわざ》がある。いいかげんな知識をもっていると、それに頼《たよ》って軽々しく物事に手を出し、失敗することが多いという戒《いまし》めである。ところが私は、その失敗をやってしまった。

塾生の居間を新築したついでに、そこにCDプレーヤーを備えつけた。と、ここまではよかったのだが、BGM《バック・グラウンド・ミュージック》として流す曲の選択が悪かった。自閉傾向《じへいけいこう》とうつ状態の塾生を特に意識した私は、速いテンポのCDを集めた。特によくなかったのが、朝からスーザの行進曲なんかをボリュームを大きくして流したことだ。初めのうちはよかった。塾生のだれもが生き生きとして、行動も活発になってきた。ところが、これを続けると、緊張《きんちょう》し過ぎる塾生が出てきたのだ。活発を通り越して、行動が粗野《そや》になり狂暴《きょうぼう》になったのだ。マーチは戦争や競技会において戦士の闘争心を鼓舞《こぶ》するために作られたことを考えると、私の思慮《しりょ》が浅すぎたのだ。私は自分の生兵法に気づいて、それを止めようとしたのだが、塾生たちはマーチを聴かせろと言う。私は音楽が麻薬的効能《こうのう》をもたらすことに驚かされたのである。

塾《じゅく》の目と鼻の先に幼稚園があるが、運動会シーズンになると塾生が落ち着かなくなるのだ。特に音楽《サウンド》に過敏《かびん》なコーちゃんは目に見えて情緒《じょうちょ》が不安定になる。秋風が吹き始めるとコーちゃんの異常行動が激しさを増すのだが、私はそれを季節の変わり目だから程度にしか考えていなかった。ところがBGMの失敗経験から、季節の変わり目に行なわれる幼稚園の鼓笛《こてき》練習とコーちゃんの変化には、何らかの関係があるのではないかと考えるようになった。塾生たちは、お祭りのような打楽器《だがっき》のにぎやかな音を毎日聞いているからだ。落ち着かず狂暴になるだけなら塾内で解決できるのだが、コーちゃんは夜中に幼稚園の運動場に侵入するから始末が悪い。私の思った通り、運動会が終わってしまえば、コーちゃん始め塾生たちの情緒は安定したのである。

堤塾《つつみじゅく》のような施設の場合、素人《しろうと》がBGMを選曲するには、ゆるやかな曲がいいのではないか。ゆっくりしたテンポの音楽に、その場の空気のよどみを取る空気清浄器くらいの役割を期待していれば問題はないのだが、気分を高揚《こうよう》させるテンポの速い音楽は、ふだんの生活では塾生たちには聴かせない方がいい。それよりヒーリング・サウンド（癒《いや》しの音楽）を多く聴かせる方がいいというのが、私の経験からの結論である。

そういう私もコーちゃんにむかって偉《えら》そうなことは言えない。私も彼と同じようなところがあるからだ。私のどうしてもやめられない道楽にパチンコがある。博才《ばくさい》はないから、若いころからの被害総額は莫大《ばくだい》だ。パチンコ屋で耳が痛くなるほどのボリュームで流れる速いテンポのBGM、特に軍艦《ぐんかん》マーチの調子についつい自制心をなくして、いつも財布《さいふ》を空《から》っぽにして帰ってくるのだ。現実問題としては考えられないことだが、もしもパチンコ屋で軍艦マーチではなくモーツァルトの曲なんかがBGMとして流れていたなら、私も傷《きず》口《ぐち》を大きくしないうちにやめられたのかもしれない。

雅楽《ががく》やモーツァルトの曲を醸造《じょうぞう》中の日本酒に聴かせると、酒がうまくなるそうだ。モーツァルトの曲を聴かせて醸造した日本酒を私も飲んだことがあるが、そう言われて飲むと、うまいような気がした。家畜や魚や植物、そのうえ人間の医療分野にまでもバイオ・ミユージックの研究は進んでいるという。

道場で行なわれた天理大学雅楽部の公演に、一人の情緒障害者が参加してくれた。母親は
「すみっこの方でいいですから、この子に聴かせてください」

と言うので、

「そんな遠慮はしないでください。できるだけいい席に座らせてください」

と私は強引《ごういん》に二人に観客席の中央に座っていただいた。

「雅楽部の学生も、今日お集まりのみなさんも、この子が少々騒ぐくらいで、どうのこうのと言う人は一人もいません。もし、この子が何かの行動を起こしたら、それは雅楽に対する反応じゃないですか。うちの塾生たちも、見てください、一番最前列に陣取《じんど》っている

でしょ」

母親を納得《なっとく》させて公演の幕を開けた。

二時間近い演奏の間、私はその子がいることをすっかり忘れていた。

「不思議なんです」

閉幕のあいさつを終えた私のところへ母子が来て言った。

「不思議なんです。この子を連れていろんなコンサートに行きましたが、こんなにおとなしくしてくれたのは初めてです」

私はたずねた。

「雅楽は初めてですか？」

「はい。私もこの子も、こんなに近くで音楽を聴くのは初めてです。でも、この子は雅楽が初めてだから、おとなしかったのではないと思います。どう考えても不思議なんです。雅楽に何かがあるのでしょうか？」

そのように問われても、私に分かるはずがない。私と母親の会話に何回不思議という言葉が使われただろうか。キツネにでもつままれたような顔で二人は帰っていった。

私の素人判断だが、雅楽の調べには、人間が正常な時の血液の流れる速さだとか、心臓の鼓動《こどう》の速度なんかと共鳴《きょうめい》するところがあって、それが情緒を沈静《ちんせい》させたり、心を癒したりするのではないだろうか。雅楽は植物の育成とか日本酒醸造のバイオ・ミュージックとしての効果が認められているという。ということは、私たち人間も植物も、そして麹菌《こうじきん》もといったあらゆる生命体は、共通した旋律《せんりつ》のなかに生かされているということではないだろうか。

私はこの考えを雅楽部の学生にぶつけてみた。議論は盛り上がったが、だれもそうだとは言ってくれなかった。しかし、雅楽の調べに不思議な力があるらしいことは、学生たちも認めてくれた。

私たちの仲間は、集まれば酒を飲む。その宴《うたげ》に小林さんが加わると、宴の中〆《なかじめ》に必ず童謡、唱歌を大合唱しなければならない。一番初めに歌う歌はいつも「うさぎ追いし……」の『故郷《ふるさと》』である。童謡のふるさと鳥取県の人らしく、レパートリーは豊富だ。しかも若いころから歌い込んでいるから声量もあるし、高音部、低音部も自由にこなす。使いさしの箸《はし》を指揮棒がわりにした小林さんがリードすれば、けっこうハモれるのだ。最初の『故郷』がうまくいくと、大合唱は十曲ではおさまらず延々《えんえん》と続くのだが、私たちの年代の者にはこれがまた楽しいのだ。

ところが、ここに異変が起き始めている。当然だれもが歌えるだろうと思っていた歌でも、若い人たちのなかに、知らない、聞いたこともないという人が増えてきているのだ。名曲『荒城《こうじょう》の月』でさえ教科書から消えていくかもしれない時代だから、明治は遠くなっていくばかりだ。文語体《ぶんごたい》の歌が少しずつ消えていくことに一抹《いちまつ》の淋《さび》しさを感じているのは私だけではないだろう。

昨年の秋、ロシアのエカテリンブルグの中学生、高校生男女七名が、一週間、わが家にホームステイした。この間、奈良、京都の観光のほか、道場の子供たちとの交流も行なったが、彼らが東京へ移動する前の夜、道場でささやかな「さよならパーティー」を開いた。そこで彼らは、引率《いんそつ》のマリーナさんの指揮でなつかしい『カチューシャ』を歌ってくれた。いや前もって打ち合わせや練習をしたわけではなく、私のリクエストに応《こた》えてくれたのだ。いわばパーティーの流れのなかでたまたまこの歌を歌うことになったのだが、彼らは全員、胸を張って誇らしげにフルコーラスを歌いあげたのだった。

私は感動し、同時に反省もした。『カチューシャ』は私の青春時代に流行した歌だ。では、今の日本の若者が私の青春時代にはやった歌を歌えるだろうか。残念ながら『故郷』や『荒城の月』同様、はなはだ心もとないのが実情だ。

私はロシアの若者が持っているカセットテープやCDを聴かせてもらったが、今の日本の若者が聴いているのとほとんど同じ種類の音楽を彼らも聴いている。また、わが家にやって来る韓国の学生たちも、日本ではやっている音楽と同じものを聴いているが、私がリクエストすれば『アリラン』や『トラジ』も歌ってくれるのだ。

私のささやかな経験やテレビや新聞で見る限り、音楽に関しては世界の若者は、自由主義、社会主義の違いを超えて、みんな、いわゆるニューミュージックといわれる音楽を楽しんでいるように見える。しかし、ロシアや韓国の若者が、それぞれの民族が持つ伝統的な歌を堂々と歌えるのに対して、日本の若者がわが国伝統の歌を歌えないという現実をどう考えたらいいのだろうか。この違いは、いずれ何らかのかたちで表れてくるにちがいないと私は反省したのである。

わが家には、家族がそろって歌える歌がない。ところが、CDプレーヤーは七台もある。単にこれは音楽の好みの違いからきているのだが、同じ屋根の下に住みながら、みんながばらばらの方向を見ている象徴《しょうちょう》のようなものだ。またこれは、今の日本の縮図《しゅくず》でもあるのだろう。

心を一つにすることは、心臓の鼓動《こどう》の数を相手と同じに近い状態にすることではないだろうか。剣道でも一年に何回か、いい稽古《けいこ》だと思えることがある。これは相手と合気《あいき》になった時に感じるものだ。これも呼吸数とか心拍数《しんぱくすう》が同じに近くなった状態ではないだろうか。

私がそう思うようになったのは、天理教の本部で参拝を終えた時だった。祭典が終わり、礼拝場《らいはいじょう》から出てくる信者一人一人の晴れ晴れした顔は、心を一つにして『みかぐらうた』を唱和した結果がもたらしたものではないかと思ったのである。その場で得た一体感が人々を喜びの顔にしたのだ。

社会の、学級の、家庭の崩壊《ほうかい》が叫ばれている現代、その崩壊に歯止めをかけられる特効薬は、うれしいにつけ、悲しいにつけ、なぐさめ励まし合える歌ではないだろうか。それも世代を超え、みんなで肩を組んで歌える歌である。これこそ、マス（集団）の音楽療法そのものではないかと思うのである。

コーヒー一杯の幸せ

「その扉《ドア》から、ばあちゃんが『おはようさん』って言いながら入ってくるような気がするね」

朝のコーヒーを飲みながら彩《あや》が言った。

義母《はは》が他界《たかい》してもう二年になる。義母はお茶よりコーヒーが好きだった。体に悪いから砂糖を控《ひか》えめにといくら言っても、聞き入れてくれなかった。スプーン三杯の砂糖とミルクは欠かせなかった。

「お母さん、そんなにたくさん砂糖やミルクを入れたら、コーヒーの味が分からなくなるでしょ」

「どうせインスタントでしょ」

こんなやりとりを何回しただろうか。コーヒーカップをデミタスに変えても、それは同じだった。きっと義母はコーヒーの味よりも、コーヒーを飲みながらの団欒《だんらん》を楽しんでいたのだろう。

「そうね、私もそう思うわ。お母さん、いつも本当においしそうに飲んでくれたわね」

妻も同じことを考えていたのだろう。妻や娘たちは義母の「おはようさん」という声がいちばん耳に残っているようだが、私にはこれとは別にもう一つ「カワシマさーん」と、かん高く呼ぶ声が耳に残っているのだ。

義母は、いつも私には遠慮がちだった。私の名前は、よほど特別なことでもない限り呼んではもらえなかった。晩年、

「お母さん、遠慮しないで何でも言ってくださいよ」

と言っても、

「はいはい、ありがとさん」

で終わりだった。

義母が他界したのは五月。その一カ月前、義母は彩の運転で竜田川《たつたがわ》べりの三室山《みむろやま》の花見に重い腰をあげてくれたが、その時の同伴者《どうはんしゃ》は私ではなくカワシマ君だった。

義母は八十歳を越えてからは、ほとんど外出しなかった。私がいくらドライブに誘《さそ》っても、「こんなに老《お》いぼれてしまったから」と、誘いには決して乗ってこなかった。桜のシーズンになると、窓越しに見える幼稚園の庭の桜と、私たちが撮《と》ってくる写真で楽しんでいた。

義母の最後の外出は、この時の三室山の花見になってしまった。カワシマ君を同伴させれば、私のドライブの誘いにも乗ってくれたのにと思ったが、遅すぎた。

カワシマ君と私とのつき合いは、もう三十年を越えた。長いつき合いなのだが、他の塾生たちと違って、私が彼の心をつかんだのはごく最近のことだ。彼はなぜか私にはなじんでくれなかった。共にいろんなことをやってきたが、彼は私との間に一定の心の距離を置いているのだ。

大学出たての私に最も冷たい視線を浴びせたのは彼だった。私の行動をつぶさに監視《かんし》して、先代である義父《ちち》や義母におおげさに報告するのだ。私にしてみれば、当時、ここにいることはすべていいことずくめではなかった。愚痴《ぐち》のひとつも出ることはあった。ところが、これが彼を通してすべてつつぬけになってしまうのだ。先代や殊《こと》に義母は、私より彼の言葉を鵜呑《うの》みにして、私も泣かされたことが何度もあった。つき合いの長さが違うから仕方がない。

カワシマ君の父親は、彼が幼いころに他界した。それが彼が何歳の時だったのか私も妻も知らない。彼から父親のことを一度も聞いたことがないからだ。おそらく彼の記憶のなかに父親の面影《おもかげ》は何一つ残っていないのだろう。母一人、子一人。母親の深い愛情のもとで十八歳まで育ち、それから義母へと引き継《つ》がれてきたのである。

彼の母親も数年前に亡くなった。死去の連絡を受けた時、これを彼に伝えるべきかどうか私たちは迷った。

「カワシマさんは十年以上お母さんに会っていないのよ。お母さんが元気に生きておられると彼が信じているのなら、そのままそっとしておいてほしいわ」

彼の母の他界を伝えることに反対したのは、私たち夫婦よりむしろ義母だった。

義母と彼の母とはウマが合った。京都での一人暮らしは淋《さび》しいだろうと、一時期、堤塾《つつみじゅく》の近くにアパートを借りて住むことを勧《すす》めたのは義母だった。実際には、ここに書けないようなさまざまな事情がからんで、ごくわずかな時間しか母子二人の生活は続かなかった。それから彼は一度も母に会うことはなかった。

私は義母の提案をのんだ。

「お母さんのお気持ちはよく分かりました。彼には伝えないでおきましょう。その方が彼にとって幸せかもしれません。葬儀には私と智代《ともよ》が代理出席してきますから」

そう言って、私たちは彼に悟《さと》られないよう、大阪にでも遊びに行くふりをして平服《へいふく》で出かけた。帰りの電車のなかで妻がポツリと言った。

「私たちがカワシマさんのもう一人の父親、母親になればいいのね」

しばらくの間、私たち夫婦は、彼を葬儀に出させなかったことが正しかったのかどうかで悩んだ。

その後、彼もうすうす感づいたのだろうか、それとも、私たちが彼の母のことを話題にすることをタブーにしているからだろうか、彼が母のことを語ったことは一度もない。

「お母さんは元気だよ」

こうなると、彼にむかってウソの一つもつかせてほしい。何も言わないことの方が、彼を不憫《ふびん》に思う気持ちを増幅《ぞうふく》させてしまうのだ。

私は、彼のもう一人の父親になる努力をしてきたつもりだ。ところが、彼との心の距離をどうしても狭《せば》めることができないのだ。彼の記憶のなかに父親がいないのだから、彼にとって父親は不要《ふよう》なのだろうか。そして妻も、いつまでたっても二十歳年下の妹的存在なのだ。ここがカワシマ君と他の塾生《じゅくせい》たちが違うところである。彼はどうしても私たちには甘えてくれないのだ。


義母の足が目に見えて弱ってきた。寝室から居間への移動すら思うがままにならなくなった時、私は義母の寝室から私たちを呼び出せるようにインターホンをつけた。しかし、義母は一度もそれを使ってくれなかった。私への気兼《きが》ねがあったのだろう。

足は弱っても、かん高い声だけは健在だった。その声でカワシマ君を呼ぶのだ。彼の肩に両手をかけて、ころばないようゆっくりと歩く二人の姿は、ほほえましい絵になっていた。私は、この姿がいつまでも見られることを願った。昭和十八年から五十年間を越えて築きあげられた二人の信頼関係には、平和ボケした私が割って入ることのできるスキ間はなかったのだ。戦争を体験し、戦後の食糧難時代、米粒《こめつぶ》よりサツマイモの方がはるかに多いご飯で耐乏《たいぼう》生活を送った共通体験は、親子の情よりもはるかに強い絆《きずな》で二人を結びつけたのではないだろうか。

義母は彼の半生を支えてきた。彼もまた義母の老後を手となり足となって支えたのだ。三十年前、降って湧《わ》いたように、この屋根の下の一員になった私にあびせかけてきた彼の冷たい視線には、

「お前のような新参者《しんざんもの》に分かってたまるか」

との思いが込められていたのかもしれない。

私たちはある日、塾生たちが喜ぶだろうと思って、朝食をパン、牛乳、野菜サラダというメニューにした。ところが彼は、

「こんな代用食《だいようしょく》いらんわ」

と言って食べないのだ。彼はパンは嫌《きら》いではない。おやつに食べるアンパンは大好物《だいこうぶつ》なの

だ。なのに、あえて食パンを「代用食」という言葉に置き換えたのは、戦後の食糧難時代を義母と共に乗り越えてきた彼のプライドなのだろう。

私の力では、堤塾《つつみじゅく》での半世紀を越えた時間の重みはどうすることもできないのだ。殊に塾《じゅく》が開設されてから十年、二十年は、当時の時代背景からしても、並《なみ》の苦労では生きてこられなかった時代なのだ。辛酸《しんさん》をなめた共通体験が、彼にもう一人の母親として義母を慕《した》わせたのである。もう一人の母親は義母以外にはなかったのだ。

義母の臨終《りんじゅう》の時が来た。あらゆる生命維持装置をつけた姿は、人間というよりも機械そのものだ。生きていることを証明するものは、モニターに映し出される心電図の動きだけだ。妻や娘たちは奇跡が起きることを信じて義母の名を呼び続けている。しかし、私はそれができなかった。私の勝手な判断で義母の延命治療《えんめいちりょう》を医師にお願いしたのだ。しかし、義母はこんな治療を本当に望んでいるのか、それを思うと私はやりきれなかった。九十歳を越えた義母の余命《よめい》はあと一日かもしれない、一時間かもしれない、一分かもしれない。このギリギリのところで、一分一秒でも生き続けてほしいと願う心と、こんなことまでして生きることの苦しみから早く解放してあげたいという思い、そのどちらを選ぶか、今これが私の決断にゆだねられているのだ。
私はカワシマ君のことを思った。義母の死に立ち会わせるべきか否《いな》か。彼には残酷《ざんこく》すぎるシーンなのだ。しかし、この場から彼を逃避《とうひ》させるわけにはいかない。ここは私の責任において、彼をこの場に立たせねばならないのだ。私は、彼をこの場に立ち会わせて、その後であらゆる延命治療を中止することを決断した。妻も娘も私の決断に涙ながらに従った。
早朝だったが、豊田《とよだ》さんにお願いして、彼を病室まで連れてきてもらった。彼が到着した時から、モニターの数値《すうち》はすべて0《ゼロ》に近くなっていった。
娘たちは彼の手をとって義母の手を握らせた。彼は
「奥さん」
と叫んだ。すると、わずかだが義母の指が動いたような気がした。妻はカワシマ君の肩を抱きしめて
「奥さんが『カワシマさん、さようなら』と言ってるよ」

と言った。

それから数分も経《へ》ずして義母は静かに安らかに息をひきとった。彼は私たちにつられるように手を合わせた。彼のまぶたから一筋《ひとすじ》の涙が流れた。彼は彼なりに義母との永遠の別れを認めたのである。


「奥さんはコーヒーが好きやったなあ」

カワシマ君はいつも同じことを言いながら、義母の霊前《れいぜん》にコーヒーを供《そな》えている。彼は今、お茶とコーヒーを医者から止められているのだ。たぶん自分の分を義母に供えているのだろう。この姿を見て、妻は何度同じことを言ったことか。

「カワシマさんたちと出会って、お母さんきっと幸せだったのね」

この言葉を聞きながら、やがていつの日か私たちも、娘たちから同じことを言ってもらえるだろうかと思うのである。

うしろめたさ

塾生《じゅくせい》たちの朝がおそくなった。四、五年前までは、正確に六時三十分に全員が起きていた。洗面の後、持ち場持ち場の掃除をして朝食という、長年刻《きざ》み続けてきたリズムが崩《くず》れてしまったのだ。みんなが起きるのが一時間もずれてしまったのである。塾生が入れ替《か》わって、障害の程度や内容が複雑になったこともあるが、それより現代病に汚染《おせん》されて、夜型人間になってしまったということだ。

私たちは道場の稽古《けいこ》があるから、夕食は早くても八時になる。以前は塾生だけ先にすませていたのだが、

「道場の稽古が終わるまで待っています」

とカワシマ君がうれしいことを言ってくれたので、以来塾生と私たちは、食べる場所こそ

違うが、同じ時間に夕食をいただくことにした。彼らの健康を考えると、六時ごろの夕食がいいのだろうが、私たちとの一体感を求めたカワシマ君の心情も捨《す》てがたい。稽古から上がってきて、

「さあ、ごはんにしようか」

と声をかける。彼らはこの言葉を待っているのだ。コーちゃんは手をたたいて「ごはんだ、ごはんだ」と大はしゃぎする。一日のうちで最もいきいきする時間であり、幸せを感じる時間である。私は、この場にはいつも立ち会っていたいと思う。

この夕食時間のずれが、起床《きしょう》時間がおそくなってしまった原因なのだ。私は貧乏性《びんぼうしょう》なのか古い人間なのか、この時間のずれが気になるのだ。五十年続けてきた塾《じゅく》の伝統を破らせてしまったうしろめたさを感じながら、私は朝を迎えているのである。

低血圧と貧血症《ひんけつしょう》のカワシマ君は、このところ足の衰《おとろ》えが目立ってきた。一連の老化現象なのだが、万年青年の彼にそれを気づかせたくない。堤塾《つつみじゅく》の兄貴分《あにきぶん》の気力も失ってほしくない。だから彼には「老《お》い」を感じさせないように、さまざまな工夫《くふう》をこらさなければな

らない。いつも塾生の中心にいることを自覚させ続けるために、彼の名前を呼ぶのにも気をつかう。いつも一番先に呼ばなければならない。間違えても、二番目、三番目には呼べないのだ。もし間違えた時には、彼の名前は一番最後に呼ぶのだ。それも彼に総代《そうだい》の気持ちを持たせる何か一言を付け加えなければならないのである。

こうなると、妻は特にたいへんだ。例えば、食べる量が減《へ》ってきた彼には、彼の食べ切れる量を、他の塾生たちと同じボリュームに見せかけるように盛りつけなければならない。米粒《こめつぶ》を立てるように盛る妻の技術はなかなかのものだ。彼は、食べ物を残すことは罪悪と考える純日本人である。歯もすっかり抜け落ちて、前歯が数本しか残っていない。ところが、入れ歯はガンとして拒否する。だから食べ物は、彼に気づかれないように細《こま》かく刻んでおかなければならない。

「カワシマさんは年をとっているから……」

これは禁句《きんく》なのだ。彼を特別扱いはできないのである。

妻は、カワシマ君にゲーム付きの万歩計《まんぽけい》を与えた。彼の一日の歩く量を測《はか》るためだ。歩数がたりない時は、タマゴ一パックとか醤油《しょうゆ》一本とか、今は必要ないものでも、あえて買ってくるよう、無理やりお使いに出すのだ。同じ年齢であってもハヤシ君は、散歩をさせて歩数を稼《かせ》がせるのだが、プライドの高いカワシマ君は、散歩を遊びと見てしまうのだ。

ふだんは彩《あや》が車で連れて出る。スーパーマーケットのなかを歩かせるのだ。それでも歩数が足りない時は、ホームセンターの園芸品売り場へとハシゴをして帰ってくる。

このところすっかり堤塾の仲間になりきってくれたマサちゃんが、彼のパートナー役をつとめてくれる。

「マサちゃんにいろいろ教えてあげるのよ。近所の人には、ちゃんとあいさつさせるのよ」

妻はカワシマ君にマサちゃんの教育係を言いつけるふりをして、実はマサちゃんにカワシマ君をガードさせているのだ。うれしいことに、マサちゃんは妻の思いが理解できるのである。

たった今起きたことである。

カワシマ君とマサちゃんが何かぶつぶつ言いながら、お使いから帰ってきた。机に向かっていた私は、それが気になったので「どうしたんだ」とたずねた。二人の顔色は、何かおもしろくないことがあったことを物語っていた。カワシマ君が口をとがらせて

「幼稚園のオバサンらが、ぼくらをジロジロ見よるんや」

と言う。幼稚園の人たちは塾のことをよく知ってくれているから、そんなことはないだろうと聞き直すと、

「幼稚園に子供を迎えに来ているオバサンたちや。公園で四、五人かたまって、ぼくらを上から下まで見よるんや」

一八〇センチの大男のマサちゃんが、小柄《こがら》なカワシマ君を後ろからガードしながら歩く姿は、異様に見えるかもしれない。

「カワシマさんは見せ物じゃないんじゃや」

彼はカワシマ君を気遣《きづか》っているのだ。

「そうか、それは困るなあ」

私が同情すると、

「ほんまじゃや。あいつはアホじゃやっていうような顔でジロジロ見よるんじゃや。カワシマさ

んがかわいそうじゃ」

マサちゃんは、二人一組でそう思われているとは思っていないらしい。私は、それはそれで救われた気がした。

カワシマ君は七十三年間、この種の視線に耐《た》え続けてきた。しかし、それで卑屈《ひくつ》になったり、障害者であることのうしろめたさは感じていないようだ。ほんもののアホはあのオバサンたちであることを理解しているのかもしれない。

「もう我慢《がまん》できない。私言ってくる。うちの子は見せ物じゃないって」

妻は今流《いまりゅう》の言葉で言えば、プッツン切れそうになっている。母性まる出しだ。

「ほっとけよ。アホにアホって言うのがアホだとオバサンたちに言われるよ」

私がからかい半分で言うと、妻も、

「それもそうね。気にしなさんな、カワシマさん、マサちゃん」

と、あきらめ顔になった。

「そうじゃ。世の中にはいろんな人がいるけ、気にしたら損《そん》じゃ」

方言まる出しのマサちゃんの言葉に説得力があったのか、カワシマ君はニコッとした。

塾生の食事の改革《かいかく》が行なわれた。一汁一菜《いちじゅういっさい》にどんぶりご飯という長年のメニューが、義母《はは》に代わって妻が主婦の座についてから変わったのである。

まず食器が変わった。手をすべらせてすぐに割られてしまう食器は、金属製とかプラスチック製のものこそ使わなかったが、陶器市で買ってきた二等品か三等品のものばかりだった。

「塾生たちと耐えがたきを耐え抜いたお母さんの気持ちも大切にしたいわ。でも、経済的に何かと不自由であっても、食器くらいはぜいたくしてもバチは当たらないと思うけど」

妻はそう言って、あっさり食器を変えてしまった。

次に、どんぶりご飯が変わった。茶碗《ちゃわん》に変わったのだ。どんぶりの盛り切りご飯では、家庭の味が演出できないというのが理由だ。

わが家の炊飯器《すいはんき》は大きい。塾生たちの茶碗に一通り盛りつけると、大きい炊飯器は妻の横へと運ばれる。

早食いで大食漢《たいしょくかん》のコーちゃん、マサちゃん、ジロー君は、私たち家族の茶碗によそい終わらないうちに、おかわりに来る。

「ジロー君、そんなに速く食べたらだめ。もっとよくかんで食べなさい」

同じことを毎日注意されている。

「コーちゃん、こんな時にはどう言うの」

「おかわり」

「おかわりじゃないでしょ。『ください』を付けなさい」

「ください」

「ありがとうには『ございます』を付けなさい」

「ございます」

これも毎日の会話なのだ。コーちゃんには「おかわりください」とか「ありがとうございます」は、言葉が長すぎてなかなか言えないのだ。

「マサちゃん、ちゃんと座って、両手で受け取るのよ」

行儀見習《ぎょうぎみなら》い中のマサちゃんには特にきびしい。大男のマサちゃんは、突《つ》っ立ったまま何も言わずに片手で茶碗を出していた。それが、いつのまにか正座もできるようになり、「ありがとうございます」も言えるようになった。

妻にとって食事の時間は、彼らを他人に笑われないようにするための大切なしつけの時間なのだ。

調子のいい日にはカワシマ君もやって来る。そんな時には妻は、

「たくさん食べるのよ」

と言いながら、米粒を立てるようによそうのである。

ところが、おかわりが三杯目、四杯目になると、妻の顔は、食糧難時代に食《く》い盛《ざか》りの私に見せた私の母親の顔に似てくるのだ。彼らの顔を見るかわりに、炊飯器のなかをのぞき込むのだ。

「腹八分目《はらはちぶんめ》。これでおしまいだよ」

これを言うのは私の役割だ。

「私、何だかうしろめたい気がするわ」

妻が近ごろよく言う言葉だ。義母から主婦の座を譲《ゆず》られて以来やってきたさまざまな改

革が、ぜいたくに流れていないか。「朝起き」「正直」「働き」を塾生たちの生活サイクルの心棒《しんぼう》にしてきた五十年の習慣のタガが、このところ緩《ゆる》みはじめているのではないか。妻が感じているのは、そのことに対するうしろめたさであり、これは私も同じなのだ。

「『ぜいたくは敵《てき》だ』は戦争中の生活スローガンだったそうだが、この言葉を知っているうちは大丈夫だろう」

　私は妻にそう言った。

ダイジョウブ？

梅雨《つゆ》。雨が三日も四日も降り続くと、塾生《じゅくせい》に何が起きるか予測できなくなる。元気な者には、この軟禁《なんきん》状態はストレスの原因になる。茶碗《ちゃわん》が飛んだり大声のケンカが始まったり、とにかく始末《しまつ》が悪い。高齢のカワシマ君、ハヤシ君には運動不足が気がかりのタネだ。

こんな状況が長々と続いた一昨日、とうとう事故が起きてしまった。カワシマ君が石段でころんで骨折したのだ。

頭痛持ちの私も、こんなに長く低気圧に居座られるとつらい。夕方、頭の痛さに耐《た》えられず、寝室で横になっていた。薬が効《き》いたのか、私は眠り込んでしまった。そこへ顔色を失った妻が大声で走り込んできた。

「大変、大変。カワシマさんが前の階段から落ちた！」

私は反射的に跳《と》び起きた。心臓が高鳴った。しかし、さいわいなことにカワシマ君は足も腰も頭も大丈夫なようだ。私はほっとした。だが、どう見ても右肩《みぎかた》がどうかしているようだ。右腕《みぎうで》がだらんとして動かないのだ。私は急いで妻と彩《あや》の二人に彼を横山先生のところへ連れて行かせた。

私は、つまらないことにまで縁起《えんぎ》をかつぐところがあって、同行しなかった。というのは、これまで体調がおかしい塾生を背負って先生のところへ連れて行くと、その塾生にとってそれが最後の外出になってしまう確率が高かったからだ。ムラタ君もアカマツ君もシヨーちゃんもオカモト君も、みな私に背負われて横山医院へ行き、それからしばらく寝込んでから他界《たかい》してしまったのである。

私は塾生たちを現場に連れて行って、その時の様子を聞いてみた。しかし、だれもが、

「ドスンと落ちた」

「ドスンと落ちた」

と答えるだけで要領《ようりょう》を得ない。判断力があるはずのマサちゃんですら興奮してしまって

「ドスンと落ちた」としか言えないのだ。

この重苦しい雰囲気をコーちゃんが変えてくれた。彼は私の後をついて回って、

「ダイジョウブ？　ダイジョウブ？」

と何回も何回も繰り返して聞くのだ。彼がこのような行動をとるのは初めてのことだ。

「大丈夫」

と答えても、しばらくするとまた心配そうに
「ダイジョウブ？」

と聞くのである。これは彼の本心から出ているカワシマ君への思いやりの言葉なのだ。何回も繰り返し聞かれるうちに私は胸が熱くなって、思わず彼を抱きしめた。これほどコーちゃんのやさしさを感じたことは今までになかったからだ。私も「大丈夫、大丈夫」としか言えなかった。

私がこれほどコーちゃんの「ダイジョウブ？」に胸を熱くしたのには訳があった。

一週間前、彩の友人、佐藤君の父親が経営する会社の剣道チームが、うちの道場へ遠征稽古《けいこ》に来てくれた。そこで佐藤君の兄が稽古中にアキレス腱《けん》を切ってしまった。東京支社

からわざわざ帰ってきて、初日の稽古での事故だ。横山先生紹介のK病院で応急手当てをしてもらっている間、剣道談義《だんぎ》をしながら帰ってくるのを待つことにした。

「堤《つつみ》さん、剣道をする者のなかには心が冷たいのがおりますね」

佐藤さんは四十歳を越えてから剣道を始めた。大阪の一等地にある会社のワンフロアを剣道場にして、社員にも剣道をさせようという熱の入れようなのだ。若いころから竹刀《しない》を握っている者と違って、体力のピークを過ぎてから取り組んだのだから並《なみ》の情熱ではない。その情熱で、会社の経営者という立場から剣道を見るわけだから、私とは一味違った剣道観があって、それが新鮮で、お会いしての会話がいつも楽しみなのだ。そんな人の口から出た、剣道修業者に心の冷たい人がいる、との指摘には、胸に突き刺さるものがあった。

話はこうだ。ある道場の元旦稽古に佐藤さん親子も参加した。百人を超す参加者で、道場はイモを洗うような状態だった。そんななか、佐藤さんの近くにいた同年輩の人が、若い人との稽古中にいきなり不自然な倒れ方をした。異常に気づいた佐藤さんは、その人の防具をはずし、袴《はかま》の紐《ひも》をゆるめたのだが、その人はすでに意識不明の状態だった。救急車を呼び、何人かで病院へ運んだのだが、すでに帰らぬ人になっていた。ところが、その間、稽古が中断されることはなかったというのだ。そのうえ、この事故を知らなかったのかもしれないのだが、主催者側の代表が稽古の後のあいさつで「あけましておめでとうございます」とやってしまったのだ。佐藤さんはこのことを冷たいと感じたのである。

普通、百人程度の稽古であれば、だれかが事の重大さに気づき、稽古は中断されるはずだ。そのうえ、稽古後の「おめでとうございます」である。驚いても無理はない。

この話を聞いて、私は、あり得《う》ることだと思った。剣道は面をつけて稽古に入ると視野が狭《せま》くなって、周りが見えなくなってしまう傾向がある。それどころか、面をはずしても視野の狭い人が大勢いる。そんな人のことを冷たいと言われても仕方がないのだ。

この話を佐藤さんから聞いていなければ、コーちゃんの「ダイジョウブ」にこれほど感動することはなかっただろう。人の心の冷たさとコーちゃんの温かさ、私はこの両極を感じたのである。

カワシマ君も横山先生の手配でK病院へ行った。レントゲン検査の結果、肩を骨折していることが分かった。応急手当てだけして、翌日、専門医の判断を仰《あお》ぐことになった。しかし私たちにとっては、翌日の診察までは針《はり》のムシロに座らされたような思いだった。

「私の判断ミスだわ」

妻は目を赤くしていた。その日はどしゃ降りの雨だった。夕方になって雨がやんだので、妻は明るいうちにと思って塾生たちを散歩に出したのだ。

「私がいけなかった。雨で足元がすべりやすくなっているんだから、外に出すんじゃなかったのよ」

妻は自分を責《せ》めているのだ。私は私で反省があった。石段の鉄のてすりがさびてしまったので、取り払ってしまったのだ。そして、たいして時間のかかる作業でもないのに、てすりを取りつけるのを延ばし延ばしにしていたのだ。もしてすりがついていたなら、この事故はなかっただろうと思うと、私もつらかった。

信じてもらえないかもしれないが、もう一つ、私には心にひっかかることがあった。不《ふ》快指数《かいしすう》が高くストレスがたまったせいか、このあいだから塾生のMの行動が一つ一つシャクにさわるのだ。冷静に考えればMが悪いわけではないのだが、彼の顔を見ただけでも腹が立つのだ。こんな時にこの事故である。私はバチが当たったと思った。

こう思うのにも伏線《ふくせん》があった。二、三年前のことだが、理由は分からないがコーちゃんが暴《あば》れだした。生《なま》やさしい説得ではどうにもならず、私は思わず彼の頭をポカリとやってしまった。すると、それほど強くやったわけでもないのに、私の手がみるみる腫《は》れあがってきたのだ。レントゲン検査をしたが、骨には異常はない。それでも指も曲がらないほどの痛さだ。私はてっきりバチが当たったと思ったのだった。

そんなことから、今回のカワシマ君の事故も、大人気《おとなげ》なくMに腹を立てた私に天罰《てんばつ》が下《くだ》ったのだと、私は真面目《まじめ》に考えたのだ。

「お父さんもお母さんも考え過ぎよ」

娘たちは一様《いちよう》に慰《なぐさ》めてくれたけれど、私はカワシマ君に申し訳ないことをしたという思いで眠られない夜を過ごした。

朝になって、私はカワシマ君を石段のところへ連れて行って現場検証をした。そこでわかったことは、状況からいって彼は、何か大きな力によって守られたにちがいないということだ。彼は十段ある石段の上から三段目で足をすべらせて、後《うし》ろ向きにころんだ。常識的に考えれば、頭や腰を打つはずだ。ところが、そこにはカスリ傷ひとつないのだ。塾生の証言のように「ドスンと落ちた」のなら、空中を飛んで雨でやわらかくなった土の上に落ちたとしか考えられないのだ。

「不幸中の幸いなんてものじゃないよ。奇跡としか思えないよ」

状況を説明し終わった私に妻が言った。

「そうね。きっとカワシマさんは神様が守ってくださったのよ」


K病院には縁起をかつぐ必要がないので私も同行した。担当医は不思議なことに、先週、佐藤君の兄を診察してくれた医師だった。

「不思議ね。でもあの先生なら安心だわ。カワシマさんのことは先生にすべてお任《まか》せするわ」

妻は今しがたまで悩んでいたのだ。もし手術でもすることになったらどうしよう。カワシマ君は貧血と低血圧の治療中だ。そのうえ腎臓《じんぞう》もかなり弱っている。そして精神的に弱い彼が手術に耐えられるかどうか。腕の一本くらい動かなくなっても、手術だけは避《さ》けたい、妻はそう思っていた。妻はこのことをそのまま担当医にお願いするつもりでいたのだ。

ところが妻のこの変わりようである。佐藤君の兄がケガをした時、この医師の診察がよほど頼《たの》もしく見えたのだろう。

カワシマ君の名前が呼ばれた。

「私が行ってくるわ」

気が小さい私が逃げ腰になっているのを見破った妻は、彩に目で合図してカワシマ君と三人で診察室に入っていった。こんな時、女は強いのだ。待っている間、私はタバコを何本すっただろうか。

三人が出てきた。三人が三人とも笑っている。私は万歳《ばんざい》を叫びたくなった。

医者の判断は、腕が多少動きにくくなったり、外見上の変形があるかもしれないが、生活には支障は出ないだろうから、このまま固定して治す方がいいというものだ。

私は「よかった」「よかった」ばかりを繰り返した。妻は奇跡だと言った。彩の目には光るものがあった。そして、当のカワシマ君はキョトンとしていた。

三百六十五分の一

「三百六十五分の一よ」

　朝のコーヒーを飲みながら妻が言った。

　悪い予感のする朝だった。曇天《どんてん》で今にも雨が降りだしそうな朝は、塾生《じゅくせい》たちも気圧の変化に敏感《びんかん》に左右されるから調子が悪い。もう早朝から、ささいなことで小競《こぜ》り合いが始まっている。塾生たちには、それぞれ明確な周期があって、身体、感情、知性の波が、どれも最悪な状況を示す日がある。これが一人なら問題はないのだが、何人もの塾生が同時にそのような状況になることがある。それが今日のような日と重なれば、パニック状態になってしまうのだ。そんな日は「本日休業」にすればいいのだが、塾《じゅく》は年中無休の二十四時間営業だから、一時《いっとき》たりとも休むことはできないのだ。今日は、できるだけ静かにしているのがいい、そんな気がする朝だった。

妻は子宮ガンの後、難病指定の膠原病《こうげんびょう》を患《わずら》い、副作用が心配なステロイドを服用している。今日のような日は手足がしびれてつらそうだが、長い闘病生活からあみだした対処法《たいしょほう》を身につけている。「三百六十五分の一」という言葉も、妻が初めて口にしたものだ。私が意味をたずねても、教えてくれない。生命の危機にさらされたことのない私には、話しても分からないだろうという態度なのだ。

昼過ぎ、イヤな客が訪ねてきた。悪い予感が的中した。初対面の人だが、私とはどうも肌《はだ》が合わないのだ。居留守《いるす》をつかえばよかったと後悔したが、その日は娘たちがいなくて、居留守がつかえなかった。正直過ぎる塾生では居留守はつかえないのだ。

居留守といえば、以前は玄関のチャイムが鳴ると、真っ先にTが走っていった。Tは他《た》界《かい》してしまったが、自称堤塾《つつみじゅく》の玄関番だった。ある日、「どなたさんですか」とたずねるTに客は名刺を出して、この家の主人に渡してくれるよう頼《たの》んだ。

「先生、こういう人が表に来てはります。どないしましょ」

Tはそう言いながら私に名刺を渡した。名刺の主に私はその日は会いたくなかった。会えば半日つぶれてしまいそうだったからだ。私は居留守をつかうことにした。

「先生はいないと言ってくれ」

Tは「ハイわかりました」とばかり、かしこまって部屋を出た。そして大声で、

「今、先生はいないと言えと言わはりました」

と言っている。私はあわてて飛んで行って、その場をつくろい、結局半日つき合うハメになってしまった。

近ごろはあまり居留守はつかわなくなったが、しかし、訪ねてくるすべての人に会っておられるほど私はヒマではない。不況の昨今、やたら訪問販売が多くなった。そんな人の撃退法《げきたいほう》にタカオ君が一役買っている。言葉巧《たく》みに商品の説明が始まると、

「ちょっと待ってください。私では分かりません。今かわりますから」

そう言って、タカオ君にかわってもらうのだ。訪問販売員は一からまた商品説明を始める。タカオ君は玄関先にきちんと正座して、不精髭《ぶしょうひげ》をのばした顎《あご》を撫《な》でながら、ニコリともしないで聞いている。そのうち、この人には解《わか》ってもらえないと分かると、販売員は荷

物をまとめて帰っていくのだ。もちろん何が起こるか分からないから、私たちは別室で様子をうかがっている。今のところ、これ以上効果的な撃退方法は見つかっていない。

ところで、今日の客の名刺の裏には、これでもかというくらい肩書きが並んでいる。○○連合会長、○○会社役員、○○の会理事。うさん臭《くさ》く感じたけれども、ハヤシ君が「先生はいてはります」と先に言ってしまったので、会わないわけにはいかなかった。

油顔の初老《しょろう》の紳士は、人を見下ろすような目付きをする人だ。私は作業ズボンに薄汚《うすよご》れた半袖《はんそで》シャツ姿だったから、彼は特に優越感を持ったのだろう。

「ところで堤塾の仕事は？」

ときた。経験上、頭にこの質問をする人にろくな人はいない。黙って聞いておれば、有名人の名前をダラダラ並べて、あの人知ってる、この人知ってると得意がるタイプで、聞きもしないのに手柄話《てがらばなし》に持ち込もうとするのだ。うまく相槌《あいづち》を打ってやれば、調子に乗って月までも行きそうな人が多い。だいいち何のために来たのか用件を述べないのだ。名刺を渡したから、そんなこと言わなくても分かっているだろうという態度である。ところが名刺の肩書きが多すぎて、この人の人物像が浮かんでこないのだ。私は、この人を単なる塾の見学者ということにして、彼の質問に答えた。

「うちの塾生たちは、人の心をやさしくする仕事をしております」

油顔の紳士はきょとんとしていた。

この手の訪問者は多い。特に、猫も杓子《しゃくし》も福祉だのボランティアだのと叫ぶようになってから、目立って増えてきた。そういう人が決まって発する質問は、作業とか仕事は何かということだ。私は以前は、

「私たち健常者《けんじょうしゃ》といわれる人々がつくったこのドロドロした社会を、彼らは必死に生きているのです。うちの塾生たちの仕事は今日を生きることです」

と答えていた。塾生たちの障害の程度や個性はバラバラだ。そのため一つの決まった仕事を押しつけるのには無理がある。だから、コンクリートレンガを作っていますとか、農業をやっていますというように具体的には言えない。そこで抽象的《ちゅうしょうてき》に「生きていくことが仕事」だと答えていたのだ。

私に言わせれば、犬を散歩させるのも仕事、ホウキで庭を掃除するのも仕事、絵を描《か》くことも立派な彼らの仕事なのだ。それを認めないと、私たちが健常者と呼ばれる資格はな

くなってしまうのではないかと思う。ところが、現代人の多くは、経済性とか生産性とかいって、モノとかカネに結びつかないと作業や仕事として認めようとしないのだ。だから私は、相手が税務署でない限り、「生きることが仕事」と答えていた。そして、これを百点満点の答えと得意がっていたのだ。だが近ごろ、塾生たちはそんなちっぽけな仕事で終わっていないのではないかと思い始めたのだ。

コーちゃんは人見知りをしない。堤塾にはいろいろな種類の人が訪ねてくるが、そんな時、真っ先にコーちゃんが寄ってきて訪問者に握手を求めるのだ。それも特殊な握手のスタイルで、手をXに交差《こうさ》させた両手の握手だ。しかも両手がきちんと結ばれないと握手は成立しない。だから彼をよく知らない人は初めはみな面食《めんく》らってしまう。やがて、どうすればいいのか分かって無事握手が成立すると、どんな人でも必ず微笑《ほほえ》む。どの人もいい顔をするのだ。

ある日私は、数メートル先を目の不自由な人が歩いているのに気づいた。距離を広げるでもなく縮《ちぢ》めるでもなく歩いてついて行くと、やがて盲人用信号機のない交差点にさしかかった。これは何とかしなくてはと近づこうとした時、横手から鬼瓦《おにがわら》のような風貌《ふうぼう》の人が現れた。私は足を止めて、鬼瓦がどうするか見ることにした。鬼瓦は目の不自由な人に近づくと、何やら一言、二言ささやいて、背中にそっと手をやり、交差点を無事渡し終えてくれたのだ。その時、チラッとだがその鬼瓦の横顔が見えた。なんとその鬼瓦は鬼瓦でなくなっていたのだ。実にいい顔の人になっていたのである。

私はこの瞬間「わかった！」と思った。生きていくことだけが仕事ではなく、塾生たちはもっと大きな仕事をしているのではないかと思っていた、その疑問が解けたのだ。彼らは人の心をやさしくする仕事をしているのだ。

私たちがやさしい心の持ち主であるためには、人として強く生きなければならない。言い換《か》えれば、彼らは私たちを強くしてくれているのだ。しかも、瞬時《しゅんじ》に人の心をやさしくする、これは健常者といわれる私たちにはとてもできる仕事ではないのだ。

きょとんとしている油顔の紳士にこのことを詳《くわ》しく説明したが、徒労《とろう》に終わった。持っているモノサシが違うから仕方がない。紳士はさらに、

「塾生は何人ですか？」

と聞く。

「七人です」

と言うと、

「フン」

と言った。この人は大きいことだけがいいことだと信じている人だ。こんな人とはいつまでたっても歩み寄ることはできないだろうと思って、お引き取り願うことにした。小一時《こいちじ》間《かん》を全く無駄にしてしまったのである。

「二十四分の一か」

私が妻にそう言うと、妻は、

「あなたのはホンモノの無駄な一時間だけど、私の三百六十五分の一の意味はちょっと違うの」

そう言って、ようやく説明してくれた。

人生を長いととらえる考え方と、短いととらえる考え方があるというのだ。短いととらえると、あれもこれもと忙《いそが》しく感じて心をなくしてしまう。それなら逆《ぎゃく》に、人生は長いととらえれば、見えるものもまた違ってくるというのだ。一年に一日や二日、何の成果もあがらない、無駄で無意味な日があってもいいではないか、それをちょっと一休みと思えば、それはそれで価値が出てくるというのだ。これは自分の闘病生活と、五十三年間におよぶ塾生たちとの生活のなかから生み出した彼女の人生哲学なのだ。

その日の私の悪い予感は、油顔の初老紳士の一件だけで終わった。

「お父さんも大変ね」

中学生の庸《のぶ》が同情してくれた。

私はみんなに聞いてみた。しばらく沈黙が続いたが、やがて彩《あや》が口を開いた。

「うまく生きる、よく生きる、この二つの言葉にニュアンスの違いを感じるかい？」

「何となく違いがあるような気がするね。うまく生きる、うまくやるというのは、見える世界だけの考え方という気がするわね。技巧《ぎこう》中心というか……。私は今、中学生に剣道を教えているけど、勝てばいいという考え方が幅《はば》をきかせているのが残念なのよ。私は、負けるのも人生、勝つのも人生、剣道をやることによって心が豊かになればいいって思うようになってきたの。武道《ぶどう》の精神性というか、これをもっと前に出して教えなくてはならないと思うの。それって、よく生きる道を教えることじゃないかしら」

私は彩の成長を感じた。そして、この際、この問題を少し掘り下げたいと思って言った。

「これは今、お父さんがずっと考えていることだけどね、うちの道場もできて三十年を迎えようとしているわけだけど、これから取り組んでいくテーマとして精神性という問題があるわけだ。だから、よく生きるというようなことも考えるんだけど、もっと分かりやすい表現がないかと思ってね」

妻が口をはさんだ。

「うまく生きるというのは子供にも理解されそうだけど、よく生きるというのは子供にはむずかしいわね」

「これを英語に置き換えたら、どうなるんだろう」

「それなら、今テキサスから帰っている元渕舞《もとぶちまい》ちゃんに聞いてみたら。私、剣道も音楽も根のところでは同じだと思うの。彼女もビオラの修業でいろいろ悩んでいると思うわ」

そう言う妻の言葉を受けて、彩が言った。

「そうよ。舞ちゃんきっと演奏の後で、うまい演奏だったと言われるより、いい演奏だったと言われた方がうれしいと思うわ」

さっきから黙って聞いていた理《みち》が割り込んできた。

「でもね、お父さんは少しこだわり過ぎているんじゃないの。人生はうまく生きることだけではないのだということが理解できれば、それでいいと私は思う。もう一方に、よい生き方というのがあるということを漠然《ばくぜん》と感じていればいいんじゃないの。よく生きるというのを他の言葉に言い換えたら、薄《うす》っぺらなものになるんじゃないかなあ」

理も大学卒業を前にして、少しは人生を考え始めたようだ。

「三百六十五分の一か。今日もいい日だったな」

「そうね」

妻が答えた。三百六十五分の一の論議に立ち会わなかった娘たちは、きょとんとしていた。

道場のうちそと

山に聴く

わが家の庭木のほとんどは、私が苗木《なえぎ》から育てたものである。二十年ほど前に植えたカリンは、もう道場の屋根の高さになった。同じころ植えた梅も桜もモミジも、立派な成木らしくなってきた。庭に昔から植わっていた松や椿《つばき》など十本ほどの大木をのぞけば、ほとんどが私の三十年間の積み重ねによる成果である。

私は苗木から育てることを主義としていたのだが、五十歳を越えて、このところ心境に変化が起きてきた。

おそらく植木好きの、私と同年輩の者なら同じ心境ではないかと思うのだが、人間の生命と木の生命とでは比較にならないほど木の方が長い。自分が育ててきた木とあと何年つき合えるのかと、庭に出てふと思うようになったのだ。

去年植えた梅の苗木は、今年は一輪も花を咲かさなかった。この木がそれなりに花を楽しませてくれたり、実を成らせてくれるまでに何年かかるだろうか、その時私はと思うと、ふと不安になるのだ。だから、ある程度大きくなった木がほしいと思うようになってきたのである。

それに、もう一つ変化がある。

「いくら梅の木だからって、これはちょっとハサミの使い方が強すぎますよ。木も呼吸《いき》をしているのですから、葉が少ないと呼吸困難になってしまいます。人間でしたら肺炎を患《わずら》うのと同じことですよ」

このところ親しくおつき合いさせていただいている庭師、新開義隆《しんかいよしたか》さんの指摘である。桜切るバカ、梅切らぬバカという諺《ことわざ》があるくらいだから、梅はいくら切ってもいいのだろうと早合点《はやがてん》して、きつい剪定《せんてい》をしていたのを指摘されたのだ。私のやり方では幹の芯《しん》の部分が空洞になってしまうという。

私が強い剪定をしてきたのには、訳《わけ》がある。剪定中にハシゴから落ちて骨折した話をよく聞く。だから、高齢になった時のことを考えて、庭木の高さを背伸びすれば届く高さにそろえているのである。庭木を老後の遊び相手にと考えているところもあるからである。ところが、近ごろ私は、これらの木の枝をもっと自由に伸ばしてやりたいと思うようになってきた。おさえつけることが罪のように感じられるのである。空にむかってぐんぐん伸びていく木がほしい、私はそんなことを思うようになった。

この二つの心境の変化は私にとって大きな意味があると、私は自己分析している。これと同じような心境の変化が、塾生《じゅくせい》や道場の子供たちに対しても起こっているのだ。これも年齢《とし》のせいだろうか。

新開さんから、高さが四メートルはあるナツツバキ（別名　沙羅樹《さらじゅ》）をいただいた。以前、どこかの寺院の庭園でナツツバキが咲いているのを見て、ほしくなった。すぐに手に入れて植えたのだが、一年もしないうちに枯れてしまった。新開さんは、この失敗談を覚えていてくださったにちがいない。

さっそく塾生たちと植えた。塾生たちの寝室である和光寮《わこうりょう》の南に向いた玄関前の、日当たりがよくて水はけのいい場所を選んで植えたのだ。ここなら多くの人たちに見てもらえるし、絶好の場所だと思った。少々の風が吹いても倒れないように、頑丈《がんじょう》な支柱も添《そ》えた。

すべての作業が終わったところへ新開さんが訪ねてきた。

「ここならいいでしょ。日当たりも水はけも土も申し分ないと思いますが」

私が言うと、新開さんの顔が曇《くも》った。

「ここでもいいですが、たぶんここでは二、三年で枯れます。枯れたらまた持ってきますから、このままにしておいてください」

新開さんは申し訳なさそうに頭を下げた。頭を下げなければならないのは私の方だ。

「場所が悪いんですか。枯れたら困ります、こんな立派な木をいただいて。それに同じ失敗を二度繰り返したくないですから」

私は、屋敷のなかのどこが最もナツツバキに適しているのか教えてほしいと頼《たの》んだ。ここだと指さされたところは、意外なところだった。和光寮の北側、それもイチョウの東横。ここなら西日が当たらないし、日差しもやわらかいからいいのだという。

「造園師は、会社でいえば人事課のような仕事です。適材適所《てきざいてきしょ》に人を配置するように、庭造りは植木にとってより快適な場所を選ぶこと、これが基本中の基本です」

適材適所と言われて、私は反省した。ナッツバキを美しいと思ったけれども、私はナツツバキの素性《すじょう》を知らなかったのだ。そういえば、私を感動させた庭園のそれは、木漏れ日《こもびい》が当たるくらいのところに咲いていたし、私が枯らしたのは日当たりのいいところを選んだ結果だった。

「経験の積み重ねというと格好《かっこう》がよすぎます。失敗の積み重ねが造園師を一人前にしてくれるんですよ。私にとって自然が教科書です。自然をしっかり観察することは仕事の一部分でもあるわけです。自然のなかに入って、土、風、水、光、これを全部頭に入れておけば、庭に植える木にとって最も自然に近い環境を造ってやることができるんですよ」

自分を中心に考えていた私は圧倒されてしまった。この場は「なるほど」を繰り返すより仕方がなかった。

「九州の知人がアメリカハナミズキばかりを千本育てました。一本三万円で売れるから、〆《しめ》て三千万円。そういって出荷を楽しみにしていたのですが、病気にかかってしまった。気がついた時には、どの木にも伝染《でんせん》して手遅れだった。結局、十日もしないうちに、みな枯れてしまったそうです。こんなことはよくあることです。でもね、堤《つつみ》さん、山に行って見てください。庭の木は病害虫におかされやすいのですが、マックイムシは別として、山はそんなこと少ないでしょ。釣《つ》り合いがとれているからですよ、自然は。アブラムシはテントウムシの幼虫の餌《えさ》になるんです。虫やら鳥やらいろいろなものがあいまって、つり合いをとっているんです。しかし庭は、自然という視点からはニセモノですよ。アメリカハナミズキの失敗は、私に言わせれば、自然観察の不足ということになりますね」

「人間も同じじゃないですか。生きる力を弱くしている現代の子供たちは、アメリカハナミズキと同じですね」

「造園師には二つの和が必要だと私は考えています。自然と人間の和。自然を知り、人を練って庭を造る。それと、造園をなりわいとしていますから、施主《せしゅ》さんと私との和にも心がけていますけどね」

私は、一本のナツツバキのおかげで大きな勉強をさせてもらった。

いいところ三つ

今、私は答えがなかなか見つからない問題を抱えている。

一昨年の十一月三日、年に一度、道場と塾の支援者が集まって開催している以和貴《いわき》祭りでの出来事である。この年はビッグバンド・ジャズで大いに盛りあがった。三百人ほどの参加者は演奏後の野外パーティーを時がたつのを忘れて楽しんでいた。天気は上々、すばらしい秋の一日だったのだが、あたりが暗くなって、一人去り二人去りして五十人くらいになったころには、時計はとっくに八時を回っていた。肌寒さを感じた私はみんなを図書室に誘導しようとした。そんなところに一人のスペイン人が紛《まぎ》れ込んできたのだ。

彼は静岡にある大学の客員教授で、モスクワの大学でも教えている科学者だそうだ。京都大学で開かれる学会に出席するため静岡から関西にやって来たのだという。彼は京都でレンタカーを借りて法隆寺《ほうりゅうじ》の見学に来たのだが、祝日の交通渋滞《じゅうたい》に巻き込まれて、こちらに着いた時には、もうとっくに日も暮れていた。仕方なく宿を探《さが》して、翌日お寺を訪ねることにしたのだが、外まで聞こえる私たちのにぎやかな声に引かれて、ちょっとだけのぞいてみようとしたのだ。

その日、外国人としては妻の英会話の先生が来てくれることになっていたのだが、明るいうちには姿を見せなかった。私はその先生が来てくれることは知っていたが、面識がなかった。だから、そのスペイン人をてっきり英会話の先生と思いこんで、遠くから「どうぞ、どうぞ」と手招きしたのだ。それを見ていた一人の酔《よ》っ払《ぱら》いの仲間が強引に彼の手を引いて、宴《うたげ》の輪のなかに引きずり込んでしまったのだった。

事情を聞いた私たちは、さぞかし腹《はら》を減《へ》らしているだろうと、団子だ関東煮《だ》きだキツネうどんだと、かなり意地悪な料理ばかりを勧《すす》めた。そのうえビールだワインだ日本酒だと矢継《やつ》ぎ早《ばや》に飲ませては、こちらは御満悦《ごまんえつ》だったのだが、彼はすごい健啖家《けんたんか》で、あきれかえるほどの酒豪なのだ。どれだけ勧めても、さすが情熱の国スペインの人らしく陽気にふるまいながら、みんな平《たい》らげてしまうのだ。特に酒の強さには、私たちへなちょこ日本人はすっかり脱帽してしまった。

満腹度も酔い加減もだいたい同じ程度になったころ、当然の成り行きとして、一人のスペイン人と大勢の日本人のお国自慢が始まった。そして話が盛り上がってくると、彼はいきなりリュックサックからビデオカメラを取り出して、次のような質問を浴びせかけてきたのだ。

「あなたたち日本人が日本の誇れるところ、あるいは日本のここが好きだというところを三つあげてください」

それをビデオカメラの前で言えというのだ。私はドキッとした。日ごろ評論家ぶって、日本の政治や経済や社会をぼやいてばかりいる私は、日本の悪いところ三つなら即座に答えられるのだが、誇れるところ、好きなところ、この視点から日本を考えたことはあまりない。ビデオカメラの前で、しかも三点セットで答えなければならないのが、この質問の意地の悪いところだ。

「フジヤマ、スキヤキ、ゲイシャガールと答えるのもナンセンスで能がないなあ」

と、だれかが言った。それもそうだ。

「さあ、あなた、どうぞ」

とビデオカメラを向けられると、大半の者は
「ちょっと、ちょっと待ってくれ。今考えているから、後《あと》にしてくれ」

と手を横に振るばかりだ。なかには腕組みしたまま考え込んで下を向いてしまう者もいる。たいていの者は一つや二つまではあげられるのだが、無理に三つあげると、どことなく一つが不釣《ふつ》り合《あ》いというかピントはずれというか、しっくりした答えではないのだ。

どうしよう、ビデオカメラがこちらに向くのが少しでも遅くなってくれるよう願いながら考えたのだが、私はとうとうその場で三つも思い浮かばなかった。さいわい、その場のボス的存在の私には敬意を表してくれたのか、ビデオカメラを向けてくることはなく助かったのだが、おかげで心地よかった酔いもすっかり醒《さ》めてしまった。

酔いが醒めてしまったのは私だけではなさそうだった。その場に居合《いあ》わせた者みんながそのようだった。だが、その場がシラケてしまったのでは決してなかった。

彼は結局、わが家で泊まることになった。彼を寝室に案内した後で、だれかが「しまった！」と言った。

「切り返せばよかったんだよ。あなたこそ先にスペインの誇れるところ、好きなところを三つあげろって」

と続けた。

「そうだったな。でもやっぱり不意をつかれて平常心を失ったわれわれの負けだよ」

と、もう一人が敗因の分析を始めた。

「質問が抽象的《ちゅうしょうてき》すぎるんだよ。例をあげてもらえばよかったなあ。ピカソだとか闘牛だとかフラメンコだとか言ってくれれば、対応の仕方があっただろうに」

その場は、たった一人のスペイン人の侵入でメンツをつぶされた、酔いの醒めてしまったわれわれ日本人の反省会になったのである。

「カナダの国籍を取得《しゅとく》する条件に、祖国を愛することというのがあるそうだけど、これではわれわれはカナダ人にはなり得《え》ないなあ。彼の質問によって、私たちは祖国に誇りを持たない日本人であることがはっきりしたわけだよ。反省しなければいかんなあ。それに気づかせてもらっただけでも、今日の『祭り』は大きな意義があったと思うよ」と、だれかが言ったが、これが「祭り」の最後を締めくくる言葉になったのだった。

それからというもの私は、日本のいいところ三つをどのように答えようかと考え続けているのだ。私はいろんな場所で多くの人たちに同じ質問をぶつけてみた。その結果得られた答えのベストスリーの第一位は水である。第二位が日本のすばらしい四季。第三位が生活の安全。そして日本人の人情、教育レベル、経済力と続くのである。

私も一番に水、二番にすばらしい四季をあげているのだが、三番目があがらないのだ。かのスペイン人は、飲み水、ビール、ワインのなかで、飲み水に一番多くのお金を払わなければならないところから来ていると言っていた。海外を旅して思うことだが、たしかに日本の水は世界に誇れるものだ。

そして、私の住む大和路《やまとじ》の春も夏も秋も冬も、みなすばらしい。私は近ごろ大和路の四季を楽しむ方法の一つとして、ドライブの時、ゆったりとしたクラシック音楽をちょっとだけボリュームを上げてカーステレオで聴いている。こうすると、一味違った大和路のすばらしさを発見できるのだ。特に晩秋から初冬にかけてのドライブには、これがお勧めだ。ところが、水とすばらしい四季も、視点を変えて眺めてみると、自信が揺《ゆ》らいでくるのだ。いいところとばかり言ってはおられないのである。

ペットボトルの水が飛ぶように売れる時代なのだ。私の鮎《あゆ》釣《つ》りの釣り場選びの条件は、流れている水を手ですくって飲める川ということにしているのだが、今ではこの範囲が狭《せば》められるばかりだ。

そしてまた、今の日本の子供たちは、この国のすばらしい四季をどれだけ認識してくれているだろうか。トマトやナスやキュウリを夏の野菜だと答えられない子供が少なくないのだ。春の小川でスイスイ泳いでいたメダカさえも絶滅の危機を迎えているし、しかも子供たちはそのことにほとんど関心を持たないのである。

そう考えると、「かろうじて」という枕詞《まくらことば》なしに日本の水と四季のすばらしさをあげることはできないのだ。

三番目に、生命や財産、いわゆる生活するに安全な国と言いたいのだが、これにもなかなか自信が持てない。

外国人が日本に来てうらやましいと思うのは、地下鉄に乗って居眠りができることだそうだ。私たちは国内で列車に乗った時、隣《となり》に座る人のことも、同じ車両に乗り合わせた人のことも、ほとんど気にしない。手荷物を置いたまま平気で席を離れるし、居眠りもする。それは乗り合わせた人たちを信じているからだ。これが安全な国日本と言われる所以《ゆえん》なのだが、これもそのうちに過去のことになってしまうかもしれないのだ。サリン、ヒ素、ダイオキシンなどという化学物質が人々を恐怖に陥《おとしい》れたり、それにO《オー》―157《いちごうなな》まで加わって、食品から空気までが安全という保証がゆらぎつつあるのだ。

道場で夏の強化合宿をやっていた時のことだ。子供の合宿に、おせっかいな母親が口を出してきたのだ。裏の畑で私が育てたキュウリを熱湯で消毒して使えと言い出したのである。私がいつも畑で洗いもせずに丸かじりしているキュウリなのだから、すこぶる安全な食品であることは保証付きなのだが、これだけ世間を騒がせるニュースが続くと、この母親のような心理状態になるのだろう。

そう考えると、日本のいいところの四番目、五番目にあげられる人情や教育や経済力も、大同小異《だいどうしょうい》の感がするのだ。

水と空気と安全はタダという日本のいいところを、だれが脅《おびや》かしたのかと犯人捜《さが》しばかりして、自分たちは被害者になりきっているのが今の私たち日本人だが、実はこの誇るべき日本の美点を神話にしてしまいそうなのも、私たち自身なのだ。私たちは被害者であると同時に加害者でもあるのだ。このことに気がつかない限り、水とか四季とか安全を日本のいいところ三つと胸を張って言える日は来ないだろう。

ちょっと待って

私の語学力はまことにおそまつなもので、酒の力を借りないとなかなか出てこない。うちの道場は外国人との交流が比較的多いのだが、道場長の私が素面《しらふ》ではしゃべれないというのでは都合が悪い。しかし私は、文法だの何だのと余計《よけい》なことを先に考えてしまって、すぐにはしゃべれないのだ。私はこれを文部省の英語教育のせいだと思っている。英語が主要科目からはずされて副教科になっていたら、きっともっとしゃべれるようになっていただろう。

外国人との会話には、要領《ようりょう》がいいこと、羞恥心《しゅうちしん》のないことがある程度必要だが、その両方を兼ね備えているのが私の妻だ。妻は、いざとなると、まことに要領がいいし、羞恥心のかけらも見せない。だから私よりはるかにうまく外国人とつき合うことができる。それには秘術があるのだ。「ちょっと待って」というフレーズを正確に発音できるようにしておくことだ。もちろん一人で太刀打《たちう》ちすることはしない。必ず語学に堪能《たんのう》な者を横にいさせることが必要なのだ。

これは人に教えてもらったことだが、外国語会話を早く身につけることと頭脳の良《よ》し悪《あ》しとはあまり関係がないそうだ。音感がいい人、モノマネ上手《じょうず》な人ほど上達が早いらしい。そういわれると妻は外国語会話には向いていないことになる。妻は近所の糠味噌《ぬかみそ》を腐《くさ》らせてしまうほどの音痴《おんち》だ。そのうえ、子供のころに飲んだ百日咳《ひゃくにちぜき》の薬の副作用で難聴気味《なんちょうぎみ》なのだ。英会話教室に通ってみたり、テレビの外国語講座を受けてみた結果、外国語会話に適性のないことを知った妻があみ出した、外国人と親しくつき合う方法というのが、「ちょっと待って」の一言を正しく発音できるようにしておくことなのである。

たしかに、これは便利で都合のいい言葉だ。話がややこしくなってきたら、「ちょっと待って」と近くにいるだれかに振って、あとは分かったような顔をしていればいいのだ。私のように何とかしなければと正義感を燃やし過ぎると、かえって語学力のなさがバレてしまうのである。

アレックスが遊びに来た。彼は、元渕舞《もとぶちまい》ちゃんのビオラの先生、ロバート・ダンさんの息子である。わが家を訪《おとず》れる外国人の多くは、わが家に群がっている若者から、国際親善のためだといって剣道をやらされることになる。アレックスも無理やり汗くさい防具を着けさせられた。本心から剣道を楽しんでくれたかどうかは疑問だが、一通りの稽古《けいこ》をすませると、彼は
「バスルーム?」
と尋《たず》ねたのだ。すかさず妻は
「ちょっと待って」
と言って、私のところへ飛んできた。
「アレックスったらきれい好きよ。お風呂《ふろ》に入りたいと言っているの。お風呂はまだ沸いていないから、ラーメンでも食べて待っていてくれるように言ってくれない」
週に一度、軽自動車で、チャルメラを鳴らしながらラーメン屋が来る。昔風に言えば「夜鳴きソバ」だ。このラーメン屋とは三十年来のつき合いで、味はいい。わが家とお向

かいの安井さんとが常連客になっているから、近くに来ると車のスピードをゆるめてくれる。この日はアレックスを囲《かこ》んで若者たちと一緒にラーメンを食べようと考えた私は、遠くで鳴るチャルメラの音を聞いた時から、玄関先でラーメン屋が来るのを待っていたのだ。
「アレックス、お風呂の前にラーメンを食べようぜ」
私が、金魚の糞《ふん》のように妻について来たアレックスにそう言うと、彼は
「ノー」
と言う。
「おいしいぜ」
と言っても
「ノー」
と言う。だが何だか彼の様子がおかしい。顔が青ざめているのだ。そこで私は
「バスルーム?」
と言って小便をする格好《かっこう》をすると、彼はうれしそうに
「イエス!」

と言うのだ。

「トイレ、トイレだよ。彼は便所に行きたいんだ。早く連れて行ってくれ」

妻はアレックスの手を引いて便所へ走った。

「アレックスったら、おしっこがしたかったのね。てっきり防具の汗くさいのがいやで、お風呂に入りたいんだと思ったわ。それならトイレと言ってくれればいいのに。それに彼って情《なさ》けないわね、男のくせに。外でやってしまえばいいのよ」

と、妻は下品なことを言った。私は立ち小便の常習犯だ。

「お父さんの先祖は猿でなくて犬とちがうの？」

と、娘たちがあきれるほどだ。私としては、小便を我慢するのは体に悪いし、小便がそれほど汚《きたな》いものとも思っていないから、所かまわずやってしまう。そんな私に慣《な》れっこになっている妻だから、こんなことを言ったのだ。

「ちょっと待って」としか言えない妻のせいで、とんだ思いをさせられたアレックスは、何とか事なきを得て、おいしそうにラーメンを食べた。

「そういえばそうね。外国のお家《うち》は、お風呂とお便所が一緒になっているのよね。私、早くそれに気がつけばよかったのに。彼に悪いことをしたみたい」
妻はしきりに反省するのだ。
後日談《ごじつだん》だが、ダンさんが息子に
「また堤《つつみ》さんのところへ行くか？」
と聞いたところ、彼は
「ノー」
と答えたそうだ。よほどバスルーム事件が身にこたえたのだろう。

妻は韓国語も「ちょっと待って」だけ覚えた。韓国・ウルサン大学の日語日文学科の学生や剣道部の学生と交流を始めて六年になる。妻もたびたび韓国を訪ねるようになったのだが、いまだに「ちょっと待って」しか言えない。

「お母さんの血液型は典型的なO型《オー》ね」

「お母さんのO型のOは横着者《おうちゃくもの》のOだよ」

これはわが家のボヤキである。

ウルサン大学を卒業して、中学校で化学を教えていたウンジョンが、中学校を退職して一年間、本格的に日本語と剣道を学ぶためにわが家にホームステイした。

妻にしてみれば、この時が韓国語会話を学ぶ絶好のチャンスと思っていたようだが、彼女は日本語を勉強しに来ているのだ。私たちは、正しい日本語を使わなければならない立場になっているのである。したがってウンジョンのホームステイは、妻の韓国語の勉強にはたいした効果もなかった。それどころかウンジョンは「お母さん、お母さん」と妻になつき過ぎるくらいなついて、妻との会話が一番多かった。だから彼女が習得した日本語は、妻の独特な言い回しやなまりがすっかりうつってしまっているのだ。

「ウンジョンの声が聞きたいわ」

妻がそう言い出した時は、すでに国際電話の番号を押している時だ。妻は後先《あとさき》のことなど何も考えていないのである。

「もしもし、私は日本の堤です。今、ウンジョンはいますか?」

妻は、カタコトだが何年もかけて、これだけは韓国語で話せるようになっている。だが電話のむこうにウンジョンがいればいいのだが、そうでなければ大変なことになる。ウンジョンの両親は人柄はすこぶるいいが、日本語はまったく通じない。「今おりません」とだけ言ってくれればいいのだが、人がいいものだから、今なぜ彼女がいないのか、ていねいな説明が始まるのだ。そうなると妻はパニック状態になる。ところが妻には最後の切り札がある。「ちょっと待って下さい」と言えばいいのだ。

「あなた、助けて」

妻はそう言って、受話器を私に放り投げるように渡すのである。

かといって、私の韓国語も、状況に応じて「また電話します」と「ウンジョンに電話をくれるように伝えてほしい」この二つの使い分けができる程度なのだ。私が妻より上なのはそれだけだが、妻は私が何とかしてくれると思い込んでいるから質《たち》が悪い。

妻のとは意味が違うが、私も近ごろ「ちょっと待って」と言いたくなっている。私と同年代の者ならだれでも同じ思いにちがいないのだが、どうにもならないと分かっていても

「ちょっと待って」と言いたいことがあるのだ。

私は中学生のころ社会科の時間に、授業も聞かないで、二十一世紀まであと何年あるのだろうか、二千一年には私は何歳になっているのかと計算したことがある。これが昨日のことのように思われるのだ。烏兎《うと》匆々《そうそう》、その時は来た。私には、やりたいこと、やっておかなければならないことが山ほどある。しかし、時はそれを待ってくれない。妻の「ちょっと待って」は通用しても、私の「ちょっと待って」は通用しない。

メダカの学校

さまざまな情報が飛び交《か》うなかで、間違いであってほしいと祈るような気持ちになる情報もある。

ある子供が、デパートで買ってきたカブトムシが死んで動かなくなったのを見て、

「お母さん、電池が切れたよ」

と言ったという。しかし、私はこの話を、今の時代ならあり得《う》ることだと思った。私はついでに、その子の母親が死んだカブトムシをゴミ箱にポイと捨ててしまう姿も想像してしまった。

私は、カブトムシやザリガニがペットショップで売られるようになっただけでも驚きだったのだが、カブトムシを自動販売機で売っていると聞かされて、あきれてしまった。

「カブトムシを自動販売機で売ってるそうだけど、知ってるかい？」

夏休み、道場の子供たちを集めて聞いてみた。

「知ってる、知ってる。テレビでやってました」

子供たちにとっても興味のある情報だったようだ。

「じゃあ、それをどう思う？」

とまた聞くと、

「かわいそうです」

と、佑悟《ゆうご》と亮祐《りょうすけ》の兄弟がきっぱり答えた。二人はカブトムシやクワガタムシを何匹《なんびき》も飼《か》っているのだ。それも朝早く起きて、近くのクヌギ林で捕《と》ってきたものだ。

「それじゃ、もし飼っているカブトムシが死んだらどうするの？」

「お墓を作って土に埋めます」

この答えに心が救われる思いがした。居合《いあ》わせた子供たちも、それは当然のことだという顔をしているのを見て私は安心した。

道場にメダカの学校を作った。私たちの住む町には、もうメダカやタナゴはいなくなってしまっただろうと聞いたからだ。信じられなくて町内をくまなく探《さが》し回ったが、一匹も見つけることができなかった。たしかに一時期、メダカやタナゴやドジョウ、それに水棲《すいせい》昆虫《こんちゅう》が生きられる環境《かんきょう》ではなくなってしまっていたのだろう。ところが三面張りの用水路も、古くなったものはコンクリートが風化したり泥《どろ》で埋まったりして、水草が青々と茂っているところも出てきている。冬、畑の水路の泥上げをしたら、アメリカザリガニが何匹も出てきた。農家は以前のように大量の農薬はもう使っていないのだ。幼虫期を水のなかで過ごすトンボの数も近ごろ増えてきているように思える。昔のように魚が生きられる環境に戻っているところがきっとあると思えたのだ。

メダカを繁殖《はんしょく》させることはそれほど難《むずか》しくないと教わったので、道場の子供たちにメダカの世話をやらせてみることにした。メダカが増えたら、魚が住めそうなところに放流しようと考えたのだ。

道場にタタミ一枚ほどの大きさの水槽を作って、私はこれを「メダカの学校」と呼ぶことにした。だが、それからが大変だった。奈良県内だけでなく、三重、滋賀県にまで網を広げて、百匹ほどのメダカを集めるのに一カ月ほどかかった。群れをなしているところがあっても、それを全部捕ってしまっては全滅してしまうので、そこから数匹だけ捕るという作業を続けたのだ。これには情報通の萩《はぎ》先生が手伝ってくれたので助かった。メダカさえペットショップや通信販売で高値で売られている時代なのだ。

捕ってきたメダカは意外に簡単に手作りの水槽の水になじんで、順調な滑《すべ》り出しだった。ころを見計《みはか》らって、すべての管理を子供たちに任《まか》せてみようとしたのだが、しかし、彼らのメダカの学校への反応がきわめて冷たいのだ。目を輝かせてくれる子供が少ないのである。

「われわれのノスタルジアに過ぎないのかなあ」

「そうね。私たちの子供のころの景色にはメダカやドジョウやザリガニがセットされていたけど、今は違うのよ。仕方がないわ」

「われわれの子供のころと今の子供たちと、どちらの時代がいいのか分からないけど、今の子供は自然に対する好奇心が弱くなっているような気がするな」

「そうよね。でも、これは私たち大人の責任だと思うわ。自然から子供たちを遠ざけてしまったのは私たちよ。事故があったら責任を問われるから、やたらと禁止事項をつくるのよ。ここで泳いではいけないとか、ここで釣《つ》りをしちゃだめとかの立て札がいっぱいでしょ。あれでは子供たちが自然への好奇心を無くすの無理ないわよ。それはそうと、あなたクワガタ事件を覚えてる?」

「もちろん覚えてるよ。今から思えば愉快《ゆかい》な話だなあ」

道場を開いて二、三年たったころだ。稽古《けいこ》の時間になっても子供たちが集まらない。夏だというのに、陽が沈んであたりが暗くなるころ、ズボンやシャツを泥だらけにしてぞろぞろ集まってくるのだが、稽古にさっぱり身が入らないのだ。私にはその訳が分からなかった。いろいろ調べてやっと分かったのだが、子供たちは稽古の前に示し合わせて裏山にクワガタムシを捕りに行っていたのだ。特に豊田《とよだ》はクワガタ捕りに凝《こ》りすぎて、道場に来ない日が何日も続いた。

私は昆虫が苦手《にがて》だ。七、八センチのクワガタムシが驚くほどの値段で取引されるくらいだから、昆虫には子供たちを魅了する何かがあるのだろうが、どうしても私とは性《しょう》が合わない。だから余計《よけい》に腹を立ててしまったのだが、私は大人気《おとなげ》なく

「クワガタ捕りで稽古に遅れる者は破門《はもん》にする」

とやってしまったのだ。相変わらずクワガタ捕りに熱中していた豊田は、風のうわさで破門と聞いて、親にも言えず悩んだという。当時は稽古は五時から始めていたが、六時からに変えたのは、このクワガタ事件がきっかけだった。子供の遊びの時間をもっととってやりたいと思ったのである。

「もう三十年も前になるのね。あのころの道場の子供たちは、みんな好奇心のかたまりだったわね。あなたが鳥を飼っても陶芸《とうげい》をしても、みんな乗ってきたわ」

「たしかに一体感はあったね。本質的には今の子供たちも同じだろうから、われわれが子供の好奇心をかきたてることができなくなったと考えるべきだろうな」

「年齢《とし》のせいって言いたいんでしょう」

メダカの学校を前にしての夫婦の会話である。

このメダカの学校が廃校《はいこう》に追いやられてしまった。冬を越えて水がぬるむころ、メダカの動きが活発になった。産卵《さんらん》準備のための栄養価の高い餌《えさ》を与え始めた矢先《やさき》のことだった。

この時期は道場への入門希望者が多くなる時でもある。ある入門希望の親子連れがやって来て、稽古が始まるのを待っていた。私は子供たちの自主性を育てるために、稽古が始まるまで道場には顔を出さないことにしているのだが、準備運動の掛《か》け声《ごえ》が聞こえてきたので道場に向かった。そして腰を抜かしてしまった。小学校一年生にもなれば、もう分別《ふんべつ》のつく年齢だろうに、その子は水槽に手をつっこんでメダカを追い回し、水草も産卵用の装置《そうち》もひっくり返してしまっているのだ。道場の子供たちは大変な事態になっていることは分かっていても、その子の母親の顔がこわくて口出しできなかったという。その母親は腕組みをして子供のやっていることを見ているだけで、止めようともしなかったそうだ。

カブトムシが死んで動かなくなったのを電池が切れたと思い込んだ子と、それをゴミ箱にポイ捨てにする母親と、この親子は同類ではないかと私は思った。

このことが原因で大量のメダカが死んでしまった。残ったメダカの何匹かは、水を入れてハスの花を咲かせている昔の大きな火鉢《ひばち》の水槽に入れて、今も飼っている。残りは、何年も前にメダカやタナゴがいたところに放した。こうしてメダカの学校は終わった。

行政の遅すぎる対応をいつも腹立たしく思うのだが、メダカも絶滅《ぜつめつ》の危機にある生きものにようやく指定され、その保護が叫ばれるようになった。しかし今回、私は行政の批判はできないのだ。百匹近いメダカを私の不注意で死なせてしまったのだから、私も自然破《は》壊《かい》の共犯者になっているのである。

だが、メダカの学校は多くの教訓を与えてくれた。なかでも、現代の子供たちは自然のメカニズムや、生まれて、生きて、死んでいくこの生命のサイクルの尊厳《そんげん》に対して、あまりにも無知、無関心であることを知ったことだ。しかし、その責任は私たち大人にある。

二十一世紀の最大の課題は自然と人間との共生《きょうせい》だと、私は思う。二十世紀が自然を犠牲《ぎせい》にしながら科学を進歩させた時代であったからだ。

「先生、人類を滅亡《めつぼう》させるのは戦争ではないかもしれませんね」

私の胸にグサリと突きささった道場生の言葉である。

大和路晩秋

大和路は、なんといっても晩秋から冬にかけてがいい。観光客のざわめきも聞こえなくなって静寂《せいじゃく》を取り戻したたたずまいに、なぜか、いつも私はほっとする。

そのころになると、わが家では庭の梅の枝に、カキやリンゴやミカンを輪切りにして、まるでお正月の餅花《もちばな》のようにいっぱい刺しておく。野鳥のなかで一番かわいいと思うメジロのためにである。

初秋の台風で山が荒れたせいか、今年は例年になく、わが家の庭を訪れてくれる野鳥が多い。銀杏《いちょう》の樹のてっぺんにモズを見つけてから、ジョウビタキ、シジュウカラ、コゲラ、メジロ、ツグミ……次から次へとやって来る。特にうれしいのは、ウバメガシの垣根に一羽の雄《おす》のウグイスがいついていることである。春が楽しみだ。もう少し待てば、おそらくアオジやカワラヒワも姿を見せてくれるだろう。

初めは縁側からできるだけ離れた梅の枝に輪切りの果物《くだもの》を刺し、少しずつ手前に近づけてきた。それが今では手の届きそうな距離になり、メジロたちは私たちの気配《けはい》に驚きもせず、与えた餌《えさ》をついばんでいる。カメラに凝《こ》りだした娘が、標準レンズでメジロが写せたといって見せてくれた。

メジロを至近距離に近づける苦労を尻目《しりめ》に、いたずらで大食漢《たいしょくかん》のヒヨドリが、メジロの餌の横取りにやって来る。よく見れば可愛い顔をしているのだが、どうもヒヨドリとは相《あい》性《しょう》が悪くなってしまった。冬の庭を彩《いろど》ってくれるナンテンやセンリョウ、マンリョウの赤い実を、みんな食べてしまったからである。

それに、昨年からメジロを集めるにもお金がかかるようになった。庭の大きなリンゴの木が二本とも突然枯《か》れてしまったのである。新しく苗木《なえぎ》を植えたが、その実をおすそわけできるようになるまでには何年もかかる。ハッサクの木も庭に植えてあり、これも去年まではメジロの餌用だった。わが家のハッサクは酸《す》っぱくて、とても食べられる代物《しろもの》ではないと思い込んでいたのだ。ところが、ある日、ツツジの植込みのなかに落ちていたのを拾って、もったいないからメジロにやろうと包丁《ほうちょう》で輪切りにした。ついでに、どんな味かと切り口をなめてみると、甘い。その時初めて、ハッサクは収穫してしばらく寝かせておくものだということを知った。それからというもの、庭のハッサクは人間様のものとなってしまった。

庭のリンゴやハッサクにありつけなくなったメジロのために、わざわざスーパーマーケットで安売りの果物を買ってくることになったのだ。そのお金のかかった餌をヒヨドリが横取りにやって来ようものなら、私の怒りは頂点に達する。大声を出して追い払おうとするのだが、そうすれば、せっかく手の届きそうなところまで来てくれるようになったメジロたちも逃げてしまう。こちらが手も足も出せないことを知ってか、ヒヨドリたちは、私がメジロにやった果物をたいらげてしまうのだ。

道場の庭に置いてある陶器製のガーデンセットのイスのあたりから、白いモノが飛び立った。なんだろう、と身を小さくして様子をうかがっていると、シジュウカラが、何か餌らしいものをくわえて帰ってきた。ガーデンセットのそばにあるカリンの木の枝にとまり、あたりを見回してから、サッとイスの取手《とって》の穴に入っていった。なかで巣造《すづく》りしているかもしれないと思った私は、その鳥が飛び立つのを待って、そっとイスのなかをのぞいてみた。親鳥に抱えられた何羽かのヒナを見ることができた。

私の胸は高鳴った。しかしその次に、腕組をしたまま考え込んでしまった。このことを道場の子供たちや塾生《じゅくせい》、家族に教えるべきかどうか、である。道場の子供たちにはこの上ない理科の教材なのだが、どんな行動に出るか予想がつかない塾生が興味を持てば、おそらく四六時中《しろくじちゅう》この場にいることになってしまう。ましてや妻に教えようものなら、わが家の観光スポットとして、客引きの道具に使うに決まっている。どう考えても悪い予感しかしないのである。ついに私は、これを自分だけの秘密にすることにした。

しかし、もう一つ難問がある。とんでもないところに巣造りしたシジュウカラのために、人も犬も猫も近づくことのできないように、フェンスを付ける工夫《くふう》が必要なのだ。最も自然な形に、何より主《ぬし》のシジュウカラが驚かないように、私はまる一日かけて陶器のイスを遠巻きにしたフェンスを作った。

何日かたって、すべてのヒナが巣立ったことを確認して、このことをみんなに教えた。

私はこの数日間、秘密を守り続けなければならない苦痛と、自分だけの秘密を持っている楽しさとを味わったのだが、空《あ》き家《や》になった巣を見せて熱弁をふるっても、道場の子供たちや塾生はおつき合い程度の反応しか示してくれなかった。やはり、この体験は共有すべきだったのだろうか。ただ、動物好きの家族は、私の判断は正しかったと認めてくれたし、それなりの感動もしてくれた。

「この鳥の名前は私のサイフと同じだね」

「なんで？」

「始終空《しじゅうから》だから」

妻はプイとふくれて、私から離れていった。

今まで庭では見ることのできなかったコゲラやウグイス、陶器のイスにまで巣造りしたシジュウカラは、私にとってはうれしい訪問者なのだが、これを文字通りうれしいと受け取っていいのだろうか。

近ごろ庭にやって来る野鳥の種類と数は確実に増えた。その原因が自然破壊《はかい》なのか、野生動物の保護の成果なのか、それとも野生動物に人間のタンパク源としての必要性がなくなったからなのか、私には分からない。分からないから、せいぜい鳥の名前を教えることぐらいしか子供たちにはしてやれないのである。

汚染度《おせんど》において今も王座を保ち続けている、まほろばの国の住民としては不名誉な大和《やまと》川《がわ》も、野鳥の数と種類が増えた。そのなかに、三年ほど前からウミウが仲間入りしている。長良川《ながらがわ》で育った私には、鵜飼《うか》いで使われるなじみ深い鳥であるから、遠距離であっても黒い物体は、それがウミウであることはひと目で分かる。いつも三十羽ほどの群れをなしているのである。

「自然が戻ってきましたね。ウミウが大和川にいましたよ。うれしいことですね」

知人でもある初老《しょろう》の金魚養殖業者《ようしょくぎょうしゃ》に語りかけると、

「ここでは今までウミウなんて見たことなかったんですよ。どこからか追われてきていると思うんです。それにあなた、うれしいなんて言わないでくださいよ。われわれの業界では、やつらは天敵《てんてき》なんですから。もう大変な被害状況でしてね。野池《のいけ》の金魚が一匹《いっぴき》残らずやられてしまって、被害額は相当なものですよ」

野生ザルやカモシカの被害は時折耳にするが、ウミウもその仲間入りしていることは、あまり知られていない。天然遡上《てんねんそじょう》の鮎《あゆ》が減《へ》ったことにも、ウミウは関係しているのかもしれない。

私は今までに、小さいものはジュウシマツから大きいものはクジャクにいたるまで、かなりの種類の鳥を飼《か》ってきた。また、スズメやハトやカモなど、たくさんの鳥も食べてきた。特にスズメは好物だった。子供のころ、雪の日の遊びは、スズメを捕《と》って食べることに多くの時間を費《つい》やした。雪の日には、フルイやレンガを使った単純な仕掛《しか》けで、ちょっと忍耐力《にんたいりょく》さえあれば、子供にも簡単に捕ることができた。捕らえたスズメは、その場で焼いて食べてしまうのである。

今から思えば、残酷《ざんこく》なことをやってきたものである。その私が塾生たちと餌場《えさば》を作ったり、とうとうヨーロッパ風の鋳物《いもの》の水飲み場まで買ってきて庭に置いてやるサービスぶりだから、われながら不思議に思う。この変身は私に限ったことではなく、私より年配の者はみな心当たりがあるのではないだろうか。

捕って食べるという残酷さは、食糧不足のころの飢《う》えがそうさせたのである。だから簡単に遊びと割り切れないところがある。手のひらに伝わってきた捕らえた鳥の体温がずっと忘れられないで、それが今、餌場や水飲み場まで作ってやるという行為につながっているとは考えられないだろうか。残酷さとやさしさは、いつも背中合わせにあるものかもしれない。

メジロはかわいいけれどヒヨドリは憎《にく》い、こんな矛盾《むじゅん》を承知のうえで、塾生たちの部屋の庭先に小鳥が遊ぶ森を作ろうと、常緑樹《じょうりょくじゅ》と落葉樹《らくようじゅ》の苗木を買ってきて、何年か先を楽しみに植えた。

ワイルド

長良川《ながらがわ》の支流、板取川《いたどりがわ》沿い、蕨生《わらび》の戸数三十戸ほどの小さな集落が私の生まれ故郷だ。川原まで二、三〇メートルのところに私の家はあった。

水がぬるむころ、天然遡上《そじょう》の鮎《あゆ》や放流された鮎で川はいっぱいになった。そして秋風が吹いて、鮎が海に下り始めるころまでの私の遊び場は、一日中、板取川だった。

物心ついたころから川での遊びの手ほどきをしてくれたのは、十二も年の離れた兄だった。板取川は私の原風景そのものだ。

今は年をとって腕がにぶってしまったが、若いころの兄は鮎のヒッカケ漁の名手だった。背丈《せたけ》くらいの長さの竿《さお》の先に錨《いかり》状の針をつけた仕掛けで、水中に潜って鮎をひっかけてくる熟練の技術《わざ》だ。私も見よう見まねでやっているのだが、カンがにぶいのか少しもうまくいかない。

兄との忘れられない思い出だが、私が十歳ころのことだ。真夏のある日、兄は岐阜市内に住む知人から、板取川の鮎を買ってきてくれるよう頼《たの》まれた。ところが、後で代金をもらえばよかったのだが、先に預かってしまったのだ。そのころからすでにアルコール依存症気味だった兄は、預かった金を岐阜市内の飲み屋で使い果たしてしまった。鮎なら業者から買わなくても、自分で捕《と》ってくればいいと思ったのだ。

ノルマのついたヒッカケ漁の相棒に、兄は「今晩行くぞ」と私を指名してきた。数を稼《かせ》ぐには鮎の動きのにぶい夜に限る。ところが防水ライトがなかった当時は、カーバイトランプをだれかに持ってもらわなければならない。そういうわけで、私はいつも兄の後から照明係をやらされていた。

板取川はワイルドな川だ。流れは速く、大石がごろごろしている。重いカーバイトランプを持って、ヘソまでつかりそうな早瀬《はやせ》のなかを歩くのは、大人でも危険な仕事だ。しかもウエットスーツも、滑《すべ》り止めのついた地下足袋《じかたび》状のはきものもない時代である。パンツとシャツとわらじ姿では、水は冷たすぎるし足元はよく滑る。光を求めて飛んでくる虫が目や口に入るのを、我慢しながらついて行かなければならないのだから、死に物狂いだ。しかし、ヒッカケ漁修業の過程で、どうしてもやっておかなければならないことだから仕方がない。特にその夜はノルマが課せられていたのだから、兄には私をかばってくれる余裕などなかった。ぐいぐい荒瀬《あらせ》に入っていく。うまく光を当てないと、冷たい水とともに罵声《ばせい》が飛んでくるのだ。その夜の兄はプロの目をしていた。その迫力がこわくて、命懸《いのちが》けでついて行くより仕方がなかったのだ。

深夜になって、やっと「やめよう」と言ってくれたのだが、私はあまりの寒さに声も出ないほどガタガタ震《ふる》えていた。その震える手で揺れるカーバイトランプのにぶい光のなかで、兄は笑っていた。会心の笑みだ。四十年たった今でも、あの時の兄の笑顔を忘れることができない。

その時私は、まさか酒に変わってしまった金のために漁に行くとは思いもしなかった。家族の貴重なタンパク源のための出漁と思いこんでいたのだ。だが翌日の食卓に鮎が出ないことで、初めて事の真相を知らされたのだが、私は兄を恨《うら》まなかった。予定量を達成した時のあの兄の笑顔は輝いて見えたし、私は私で、よくあそこまでついて行けたものだという満足感があったからだ。

私のワイルドな部分は、春夏秋冬、いろいろな遊びを通して兄が育ててくれた。兄は私よりはるかにワイルドな人間なのだが、それは父によって育てられたものなのだろう。

漁具の呼び名は地方、地方でまったく異なるから、一般的にどう呼ばれているのか知らないが、関西ではモンドリという。返りのついた竹製の筒状《つつじょう》の漁具だが、父はそれでよく大きなウナギを捕まえてきて食べさせてくれた。ところが私が仕掛けると、小指の先ほどの太さのウナギしか入っていないのだ。父はいつもそれを笑って見ていた。父には秘密のポイントがあったのだが、私には決して教えてくれなかった。ワイルドな遊びを教えるのは兄の役目と決めていたのだろう。

水泳を教えてくれたのも兄だった。おそらく父がやったやり方で、兄は私にそれを教えてくれたにちがいない。川で泳ぐのにはコツがいる。流れがあるからだ。流れが読めないとうまくいかないのだ。私は川での泳ぎを兄の背中で覚えた。物心ついたころから川に連れていかれて、親亀《おやがめ》の背中に子亀《こがめ》が乗るような格好で、水深のあるところや流れの速い瀬を泳ぎ回り、水の怖《こわ》さを教えてくれた。特に早く覚えなければならないのが呼吸の仕方だが、それも理屈ではなく背中で強引《ごういん》に身につけさせられた。

親離れならぬ兄離れの時がきた。兄は、小学生にもなっていない私をいきなり深い渕《ふち》に放り込んだのだ。私はその場で溺《おぼ》れた。ところが兄は、溺れる私を岸で笑って見ている。足が届くところまで流されて助かったのだが、兄はそれをすべて読んでいたのだ。それから私は、どんなところでも泳げるようになった。溺れたことで多くのことを学んだのである。

ところが、川では泳げてもプールでは泳げない、プールでは泳げても川では泳げないことを知ったのは中学生になってからである。私は、泳ぎが速いのではなく、うまいという理由で市の競泳大会に出たことがある。しかし私はまっすぐに泳げないのだ。コースロープが邪魔《じゃま》になって恥《は》ずかしながらビリになり、私はみんなの期待を裏切ってしまった。兄の背中で覚えた私の泳ぎは、川でしか通用しないものなのだ。

私にはもう一人、十歳年上の兄がいるのだが、子供のころ私はその兄と遊んだ記憶がまったくない。若いころは無趣味で働くことしか知らなかったその兄が、四十歳を過ぎて鮎の友釣《ともづ》りを始めた。ところが、その凝《こ》りようが中途半端《ちゅうとはんぱ》ではないのだ。名古屋に住んでいるのだが、友釣りシーズンになると、釣れても釣れなくても休日には板取川に車をとばしている。私たちは、これを喜んだ。男兄弟三人の共通の遊びができたからだ。三人が集まれば、「鮎」という話題の中心がある。年に一度か二度しか実現しないのだが、三人で友釣りに出られる日はまさに至福《しふく》の喜びなのである。

ところが、この数年間、さっぱり釣果《ちょうか》が上がらなくなった。お互いメガネをかけないと糸が結べなくなったこともあるが、友釣りでねらう鮎そのものにも原因があるようだ。

鮎は成長の過程でエサが変わる。稚魚《ちぎょ》のころは水中の虫や水面に飛び交う虫を捕食《ほしょく》するのだが、若鮎期に入ると、石の面についた藻類《そうるい》（らん藻、珪藻《けいそう》）を口唇《こうしん》についている細《こま》かい歯で削《けず》り取って食べるようになる。こうなると、そこに食料確保の生活圏ができて、他の鮎がその縄張《なわば》りのなかに入ってくると、ヒレを立て口をあけて猛烈な勢いで追い散らすのだ。そこで、生きた鮎の尻部《こうぶ》に鋭いカラ針をつけて、体当たりで追い散らしにくる鮎をひっかけてやろうというのが友釣りだ。だから、ちゃんとした縄張りを持った鮎は高い確率で釣ることができるのだ。

だが、近ごろの鮎は、おとなしくて平和主義者で団体行動がお好きなようだ。どの川にもたっぷり放流されて、鮎は群れをなしているにはいるのだが、縄張り意識が弱くなって、思うようには釣れなくなってしまったのだ。

各河川《かせん》の鮎には、海から遡上してきたもの、海や河口周辺で捕獲した稚魚を放流したもの、琵琶湖《びわこ》産の稚魚を放流したもの、人工孵化《ふか》させて育てた稚魚を放流したものなどがあるのだが、これらの稚魚のうち、一定の期間、人間の手によってエサを与えられ育てられたものが、若鮎期になっても縄張りを持とうとしない、つまりワイルドな習性が弱くなっているのではないかと言われているのだ。

河川の汚染《おせん》や堰《せき》の建設で稚魚の遡上が少なくなったり、あるいは琵琶湖産の稚魚の減少などということから人工孵化の鮎の放流という苦肉の策をあみ出すようになり、さらに釣りブームに乗って、琵琶湖産や海産の稚魚の養殖《ようしょく》もビジネスとして成立するようになったことが、釣れない鮎をつくってしまった原因のようなのである。

滋賀県のある水産試験場では、鮎のワイルドな本能が失われる原因が、人工飼育中のエサの与え方にあるのではないかとして、本腰を入れてその究明に乗り出しているという。

人間の手で手厚く守られた過保護の稚魚は、労《ろう》せずしてエサが食べられ、いつも満腹状態で、そのうえ外敵のおそれもないのだ。平和ボケした鮎は、ワイルドな本能を弱くしてしまって、縄張りをつくって争うような野暮《やぼ》なことはしたくないのだろう。


これとまったく同じことが今の少子社会《しょうししゃかい》で手厚く守られた子供たちにも言えると思う。

三十年前、道場が開設され、私が剣道を教え始めたころの子供たちは、手のつけられない悪ガキばかりだった。だが、ビンビンと手応《てごた》えがあった。ところが、近ごろの子供たちはおとなしい。こぢんまりと完成しているのだ。真面目で指示通り動いてくれ、はみ出す者がいないから、教える側《がわ》にしてみれば楽なものだ。しかし、なぜか物足りなさを感じるのだ。可もなし不可もなしでは、あまりにも淋《さび》しすぎるのである。

しかし、これは子供の責任ではない。私たち親が、子供たちの、人間が本来持っているワイルドな本能の部分を弱くしてしまっているのである。

「鮎のおかげだなァ」

と兄が言った。

「ほんと、こうして三人が争うこともなくやってこられたのも鮎のおかげだよ」

もう一人の兄が言った。

「この年になってもお互いワイルドな性格は衰《おとろ》えないなァ。苦しい時でも何とか生きてこられたのも板取川の鮎のおかげかなァ」

と私が言った。年に一度、私がホームグラウンドにしている高見川《たかみがわ》の支流、四郷川《しごうがわ》に二人の兄を招いて、三人揃《そろ》って友釣りを楽しんでいる、その日の会話である。

「ひょっとしたら、俺《おれ》たちのご先祖様はカッパかもしれんなァ」

長兄《ちょうけい》の言葉に大笑いしたが、その笑い声がいつまでも周りの山々にこだましているようだった。

ロシアの旅

「奈良は寒くなりましたか？」

師走《しわす》に入って、エカテリンブルグのマリーナさんから、流暢《りゅうちょう》な日本語で電話がかかってきた。

「今年は暖冬って言われていますけど、だんだん寒くなってきましたよ」

「外は何度くらいですか？」

「一〇度はあると思いますよ」

「そうですか。いいですね、暖かくて。エカテリンブルグは今、マイナス二七度です。夜にはたぶんマイナス四〇度くらいまで下がると思いますよ」

マリーナさんの日本語は完璧《かんぺき》である。その彼女がマイナス二七度と言うのだから、間違いはないだろう。私は話題を変えることにした。岐阜県の山間部で生まれた私であっても、この外気温は実体験がなく、ついていけない話題であったからだ。厳寒地での冷蔵庫は、冬、もっぱら食料を凍《こお》らせないために使われるということぐらいが、そういった地方での私の生活の知識であった。

エカテリンブルグから静岡大学に留学中のエドワードが、冬休みを利用して遊びにきたので、マイナス二〇度を超したところの生活がどんなものか聞かせてもらった。

「部屋のなかはここの方が寒く感じますよ。ロシアの家屋は冬むきに作られていますから、半袖《はんそで》一枚でも過ごせるんです」

築後百六十年になるわが家は例外だよと言いたかったが、北海道の友人も同じことを言っていたのを思い出して、

「こちらの家は夏涼しく過ごせるように建てられているんだよ」

と逃げた。

「マイナス三〇度近くになると、スキーが滑《すべ》らなくなるんです。土の上をスキー板をはいて歩くような感じです。それに、目の玉が冷たいと感じますよ」

そう言われても、私はピンとこなかった。

韓国の学生たちとの交流が始まって、気をつかうのが冬の暖房である。すき間だらけのわが家は耐《た》えられない寒さだという。オンドル育ちの彼らには、いくつストーブを用意しても満足してもらえないのである。私は以前、韓国でオンドル部屋に泊めてもらったことがあるが、暖かすぎて寝苦しかった。どうやら韓国の人たちは、背中を暖めていないと寒く感じるらしい。

冬はマイナス四〇度にもなるという、ロシア第四の都市エカテリンブルグの子供たちが、日本語での文通相手を探しているという情報をロシア通《つう》の杉谷さんから聞いて、道場の子供たちにやらせてみることにした。ところが、ほとんどの日本人がそうであるように、私も超大国ロシアに関する知識はとぼしい。北海道から背伸びをすれば見えるような極東地方ですら、どんな人たちがどのような営みをしているのか、ほとんど知らない。ましてやシベリアやウラル地方のこととなれば、その知識は無いに等しい。杉谷さんからしつこく説明されても、イメージが浮かんでこないのだ。杉谷さんから知識を受け売りして道場の子供たちに話しても、彼らの頭をただ混乱させるだけだ。

百聞《ひゃくぶん》は一見《いっけん》に如《し》かず。一九九八年八月、私はエカテリンブルグを訪ねることにした。長崎国際テレビを退職したばかりの杉谷さん、長崎放送の長岡さんご夫妻、長崎大学の大石さん、そして私。通訳は、シベリア出身の大阪大学大学院生ピョートルがひき受けてくれた。私は子供のころからシベリア鉄道にあこがれていたけれども、時間の関係で、モスクワ経由の飛行機で現地に入った。

ヨーロッパとアジアの境目、ウラル山脈の東側に位置するエカテリンブルグは、女帝エカテリーナI世の名前をとって名づけられたという。ソビエト時代はスヴェドロフスクと呼ばれる軍需産業都市だった。人口が百万を超す大都市だが、かつて軍需産業で栄え国家機密が多いことから、改革前までは秘密のベールに包まれていたのだ。

ソビエトがロシアに変わって、ビザさえ取れれば外国人が自由に訪れることができるようになって、まだ日が浅い。私たちは、日本人としては何百人目かの訪問者だったそうだ。

そのエカテリンブルグで今、日本ブームが起きているのである。日本語を学ぶ人、茶道、武道、盆栽等々、日本文化に興味を持つ人が二千人を超えているという。私の三女・庸《のぶ》が文通相手にしているマーシャの手紙は、ところどころに今の日本の若い人が使わない古い言葉が混じるものの、文章離れの進む若い日本人と比べると、文章力は勝《まさ》るとも劣らないもので、こちらが恥《は》ずかしくなるくらいだ。街の中心に日本文化センターがあるが、共産党支配時代に建てられた古い建物が美しくリフォームされ、多くの人々でにぎわっていた。日本ブームの火付け役になったのがゴロミドバ・マリーナ、三十七歳の女性である。私の旅の主な目的は、ロシアの空気を吸うことと、彼女に会うことであった。

一九九八年の八月末、ロシアは政治的にも経済的にも、私たちから見れば危機的状況だった。この状況下での旅だから、すべてが快適とはいかなかったが、不景気だ不景気だと騒ぎながら、それでいて危機感を持たない平和ボケしてしまっている私にとっては、身のひき締《し》まるいい旅だった。わずか十日間の旅であったが、この体験は貴重なものだ。

エカテリンブルグからイルグーツクへ移動時のことである。すべてに几帳面《きちょうめん》な日本と違って、海外ではアバウトが認められるところがある。驚くことに、時刻表はまるで当てにならない。ひどいのになると、予定時刻の前に飛び立ってしまう飛行機もあるそうだ。そんなことを聞かされていた私たちは、エカテリンブルグ空港に予定時刻の二時間も前に集合していた。アメリカを人種のるつぼというのに対して、ロシアは人種のモザイクというのだそうだ。ありとあらゆる人種の集合体だ。空港での二時間の待ち時間くらいは、往来する人々を見ているだけでも楽しく過ごせる。だが、空港の電光掲示板は、英語はなくてロシア語だけだ。ロシア語は、読むのも書くのも話すのも難しい言語である。私にとってキリル文字は、短時間で覚えられるようなものではない。今回の旅では、特にピョートルというすぐれた通訳が同行してくれていたので、私は彼に頼《たよ》りっぱなしで、自分で覚えようという気にはならなかった。私は十日間の旅を「スパスィーバ《ありがとう》」の一語だけで過ごすというあつかましさだった。

ところが、離陸予定時刻になっても、難解なキリル文字の電光掲示板に、イルグーツクらしい文字が出てこないのだ。何かのトラブルで遅れているのだろうと、気楽に搭乗《とうじょう》手続きの列に並んで、スーツケースに腰をかけ、みんなは見送りに来てくれたマリーナさん夫婦やマーシャとの会話に花を咲かせていたし、私は人種ウォッチングを楽しんでいた。そうして一時間ほど待ったのだが、窓口は静まりかえったままである。しだいに列が崩《くず》れていった。

どれほどたったろうか。私には三時間にも四時間にも感じられたのだが、ようやく電光掲示板のいちばん下の欄に Иркутск の文字が出た。マーシャに
「あれイルグーツクと読むんだろ？」

と聞くと、

「そうです。でも何時に離陸するか出ていないわ」

と不安そうな顔である。

電光掲示板にイルグーツクの文字を見つけて、一応この分だと予定時刻の前に飛び立ってしまったことはなさそうだし、欠航もなさそうだと一安心した。ただ、せっかちな私たち日本人は遅れている訳が知りたくて、「なぜ」「なぜなの」を繰り返していた。それでも時間の経過とともに、掲示板の前に釘付《くぎづ》けになっていた私たちも、あきらめ半分でベンチに座ることにした。状況をつかむために走り回っているのは、マリーナさん夫婦とピョートルだった。

六時間もたったろうか。彼らがつかんできた情報は、理由は分からないが、今日は飛ば

ないというものだった。あたりはもう薄暗くなっていた。命の危険もなさそうだし、この場はジタバタするより今置かれている状況を楽しんだ方がよいと考えた私は、空港ロビーで徹夜してもかまわないと思ったが、同行者に女性がいるから、そうもいかない。当然ホテルを用意してくれるくらいのサービスはあるだろうと、われわれは航空会社の事務所に交渉に行った。われわれの味方、三人のロシア人は、ロシアのメンツにかけても納得《なっとく》のいくサービスが受けられるようにと執拗《しつよう》に食い下がってくれた。われわれは「そうだ」「そうだ」と首をタテに振り、航空会社のロシア人は「そうはいかない」と首を横に振る。かなり長時間こぜりあいを続けていると、警察官なのかガードマンなのか、それとも軍人なのか分からないが、間違いなくこの三つのうちの一つの職種の制服を着た人が割って入ってきて、私たち日本人に何かひとこと言った。コワイ人だったので、われわれは一歩しりぞいた。私はピョートルに

「あの人何言っているの？」

と聞いた。

「いやー、まいりましたよ。あの人は警察官ですが、彼が言うには、あなたたちは違うと

ころに来ているのだ、と言うんですよ」

違うところに来ていると言われれば、その通りである。日本流のサービスがロシアで受けられると思うことこそ常識はずれなのだ。郷《ごう》に入れば郷に従え、の諺《ことわざ》通りである。

その一言で私たちは私たちの間違いに気がついて、その晩は空港横の安いホテルで一夜をすごし、また翌朝、お世辞にもきれいとは言えない空港の待ち合い所で電光掲示板とにらめっこをした。不思議に思ったのは、われわれと同じイルグーツク行きの飛行機を待たされているロシア人のなかで、だれ一人騒ぎ立てる者がいなかったことだ。どうやら、こんなことは日常茶飯事《にちじょうさはんじ》なのだろう。

結局、三十六時間待たされた。一日半待って、ようやく機上の人となったが、なぜこんなに待たされたのか、その訳が分からないままであった。そのうえ「申し訳ない」「迷惑かけた」といった、あやまりに似た言葉は一言も聞けなかった。しかも空港関係者も航空会社の人も、だれもが何事もなかったように平然とした態度である。掃除をする人は掃除をしていればいい、荷物を運ぶ人は荷物を運んでいればいい、チケット係はその仕事だけしていればいい、どうやらこれがこの国の常識なのだ。日本だったら、こうはいかないだろう。やはり警察官の言う通り、私たちは違うところに来ているのだと納得した。

ツキが落ちると悪いことは続くのである。イルグーツクから新潟へのフライトも四時間待たされた。四時間くらいと思うかもしれないが、この四時間は困る。新潟から大阪への最終便に乗れないのだ。

ロシアの通貨ルーブルは、国外へは一銭たりとも持ち出せないと聞いていたので、私たちは帰国の前の晩に使い切っていた。そのため、食事どころかコーヒー一杯飲むお金もないありさまである。通貨価値がめまぐるしく変動するので、頼《たの》みの綱《つな》のカードも使えない。私たちは、おなかをすかせて飛行機を待つより仕方がなかった。口に合わないロシアの夕バコを四時間で一箱もすってしまった。

学生時代のような貧乏くさい思いをして、ようやく新潟に帰り着いた私たちは、通関手続きの列のなかでぼやいていると、人のよさそうな税関の係員が言った。

「四時間くらいで腹を立てていたら、ロシアへは行けませんよ。これはいつものことなんですから。それより、みなさんは夏でよかったですよ」

そう言われれば、その通りだ。もし真冬に厳寒のシベリア、イルグーツクだったら、人一倍寒がり屋の私は凍死してしまうかもしれないのだ。

旅の最後の夕食の折、私たちは反省会を開いた。

「すべてが私にとって、すばらしい体験でした。でも一つだけ気がかりなことがあります。私はロシア人を冷たく感じたんです。目と目が合ってもニコリともしてくれない。その訳が知りたいんです」

ノボシブルスク出身のピョートルは、手をあげて私の発言に切り返した。

「なんで目と目が合うたびに笑顔を見せなければなりませんの。その必要はまったくないと思いますけどね」

これがロシア風個人主義かと、とっさに思ったが、

「そうですか」

とだけ言って、私は反論しなかった。

アトランタオリンピックに出場した元渕幸《もとぶちゆき》さんの応援に行った時のことである。庸が、

「お父さん、アトランタはアメリカでも犯罪が多いところだって。大丈夫なの？」

と聞いてきた。何も情報を持たない私は、

「たぶん大丈夫だろう」

としか答えられなかった。オリンピックプールの近くに宿が取れなかったので、五、六〇キロ離れたモーテルから毎日プールに通ったのだが、モーテルのおばさんも、駐車場のおにいさんも、チャイニーズレストランのおねえさんも、ガードマンも警察官も、目と目が合えば、かならず笑顔を見せてくれた。

「お父さん、私たち、取り越し苦労だったね」

と、あとで庸が言ったくらいである。

アメリカ人は子供のころから、目と目が合ったらまずスマイルをと教えられるそうだ。これはすばらしいことだと感動して、私はアトランタから帰ると道場の子供たちに、無表情のあいさつでなく笑顔のあいさつだと教えた。その二年後にロシア人ピョートルから
「なんで目と目が合うたびに笑顔を見せなければならないのか」

の言葉を聞いた。今の世の中ではどちらがいいのか、私には分からなくなってしまった。

しかし、ロシアを旅して、ロシア人が冷たいと感じたのは私一人ではない。その訳が、

風土の寒さからくるものか、ロシア風個人主義からくるものか、いろいろ考えたあげく、私なりに一つの結論に達したのだが、反省会の場ではピョートルに悪いと思って、私は発言をひかえた。

「私たちがロシア人を冷たく感じるのは、長い長い間、ロシアの人たちは信仰（宗教）を持つことができなかったからではないの」

今になって私は、これはあの場で言うべきだったと思う。私たちはあの時ウォッカを飲んだ。だからアルコールの力を借りて言いたいだけのことが言えたのではないか。そうしていれば、何か見えてくるものがあったはずだと、私は今になって反省している。


ロシアの子供たちと道場の子供たちとの文通は、なかなかうまくいかないでいる。今のロシアの郵便事情の悪さからくるものである。一日も早く改善され、せめて月に一度くらいの手紙のやりとりができれば、子供たちにも見えてくるものがあると思うのだが。

三つの心

私のように俗世《ぞくせ》から分断されたような生活を送っていても、一日に何回となく崩壊《ほうかい》とか危機という言葉を使わなくてはならない時代になった。

日本の経済は未曾有《みぞう》の危機下に置かれている。銀行は倒産しないという常識が神話になってしまった。企業倒産は増え続ける一方だ。ところが一方では、本当に不況なのかと疑いたくなるような、危機感のない若者の姿もある。過去の不況とは質も次元も異なる未知の状況下に置かれた今、企業戦士として身を粉にして日本の経済を支え続けるか、それとも自然を相手に土を耕《たがや》し、米をつくり、野菜を育て、花を咲かせて、のんびり人生を楽しむか、われわれはその選択の岐路《きろ》に立たされていると言っても過言ではないだろう。

そのうえ日本は、世界でも例を見ない少子高齢《しょうしこうれい》社会が現実のものとなって、社会全体に沈滞ムードが漂《ただよ》い始め、社会や学校や家庭が崩壊してきているのだ。

先日、ある酒席で、親しくしていただいている大学教授に、

「どうです、近ごろの学生は？」

と、ビールを注ぎながらたずねた。この質問があまりにもくだらない社交辞令だと反省したのだが、返ってきた言葉が意外だった。

「堤《つつみ》さん、よう聞いてくださった。いやはや今の大学生は大変なものですよ。あなたの学生時代からは想像もつかんでしょうな。まずね、授業の始めと終わりのあいさつができない。昔は教室に入って行くと、だれも号令をかけなくても起立して礼ができたでしょ」

そこまで聞いて「ナニッ」と思った。級長の号令で「起立」「礼」「着席」をやるのは高校生までかもしれないが、私の学生時代は自発的にそれができたし、当たり前のこととして何の違和感もなく受け入れていたのだが、今はそれができないというのか。

「それだけならいいんですがね、携帯電話のベルはあちこちで鳴るし、チューインガムや飲料水は授業中でも平気でやりますよ。堤さんも相当悪い学生だったけど、ここまではやらなかったよね」

教授の言う通り、私は品行方正《ひんこうほうせい》な学生では決してなかった。その私が目を丸くしてしまうのだから、あきれた事態だ。今やこれまでの教育観や指導方法は通用しなくなってしまっているのだ。

「学級崩壊は小学校でのことかと思っていましたが、大学までが崩壊ですか」

「慎《つつし》みや礼儀というものを今の学生は持ち合わせていないようですね」

「権利尊重の美名のもとで個人が守られ過ぎて、勝手主義が横行しているからですね」

「心そのものが失われていく時代ですよ」

社交辞令のつもりの質問が、教授の酒をまずくしてしまったようだ。

このような世相のなかで慎みや礼儀といったモラルや常識をどのように復権させるか、私たちの抱えた大きな課題なのである。

「うちの幸《ゆき》が堤先生に字を書いてほしいと言っているんですが、お願いできませんか」

元渕《もとぶち》さんから電話がかかってきた。

「字だけですか?」

字だけかとたずねたのは、私は自称「絵てがみ」作家であるからだ。悪筆に劣等感を持っていた私は、あえて字癖《くせ》を個性と思わせるように細工《さいく》して、引き立て役に花の絵を描いている。また、絵も我流だ。だから絵の引き立て役に字を書いているとも言える。悪筆の字と我流の絵、悪いもの同士を一つにして、それなりに作品らしく仕上げているのが私の「絵てがみ」だ。だから、二つで一つのものの片一方だけを書くのは自信がない。今までたくさんの人に書いて差し上げたが、書だけというのは初めてだ。そのうえ

優《やさ》しい心
素直な心
低い心

と書いてほしいという。心という字が三つもあると、書き手の私としては、その処理に迷ってしまうのだ。

幸さんとは、水泳・飛び込み競技の選手としてソウル、バルセロナ、アトランタの三度のオリンピックで活躍し、日本の飛び込み界の記録をことごとく塗《ぬ》り替《か》えた、あの金戸《かねと》幸（旧姓元渕）さんのことである。今は一児の親となって、勝負の世界を生きていたころと

は違ってやさしさがにじみ出ている、すばらしい母親に変身しているのだが、この「優しい心、素直な心、低い心」は、幸さんが選手時代からずっと持ち続けている人生訓なのである。

幸さんのことは元渕さんご夫婦の次によく知っていると思っている私は、特に「低い心」という言葉に心を動かされ、あつかましくも揮毫《きごう》を引き受けてしまった。

これこそ現代の日本人が忘れている心ではないか。日本人が伝統的に持ち続けていた慎みや礼儀は、一言で言えば心の低さではなかろうか。私はこのことを幸さんから教えられたような気がした。

剣道の精神性を教えるなかで最も重要なことは、「礼に始まって礼に終わる」ことだ。勝負という相互否定の行為のなかで、相手を尊重し敬《うやま》う相互肯定の心を持ち続けなければならないのだ。勝てばいいのではなく、勝ったり負けたりしながら自分を磨《みが》くのだ。礼に始まり礼に終わることこそ、人として最も基本的な常識でありモラルなのである。

私はこれまで、栄光の座についたがゆえに堕落《だらく》していったスポーツ選手を数多く見てきた。栄光の座にさえつかなければよかったのにと思った友人もいる。剣道界にも、高い段位と称号を取得《しゅとく》したばかりに謙虚《けんきょ》さを忘れ、人格を失ったと陰口をたたかれる人を私は多く知っている。スポーツの栄光や段位は人格に与えられるものではないのだが、何を勘違《かんちが》いしてしまうのか、高い所から見下すような言動をしたり、人を人とも思わないような態度をとる人がいるのだ。そして彼らは、そこに大きな落とし穴があることに気がつかない人たちなのである。

今の日本人全体を眺めた時、バブル時代の「おごり」が今日の不況を招いたとも考えられるし、自己中心的な権利主義が社会や学校や家庭の崩壊を招いたとも考えられるのだ。人は高いところへ行けば行くほど孤独であり、厳しく自己をコントロールする力が求められる。

優しい心
素直な心
低い心

この三つの心は、上に立った時にこそ、より強く持たなくてはならないものなのである。

「お父さん、今日は社長さんの日ね」

娘たちが言った。たしかに、私がおつき合いしている会社の社長が同時に二人も訪ねてくるのは珍しいことだ。

一人は社員の間に剣道を広めているS工業の佐藤社長。もう一人は石川さんに紹介されて十年来のおつき合いをしているO株式会社の松井社長である。O社は医薬品を扱う業界大手の会社で、社長は私の鮎《あゆ》釣りの仲間だ。二人の社長は、それぞれわが家訪問の目的が違う。その日は私が松井さん、娘たちが佐藤さんとおつき合いすることになった。

大役をおおせつかった娘たちと違って、私はO社の社長、専務、常務、それに今年採用してもらった大学剣道部の後輩Nの五人で、美しい自然のなかでの釣行《ちょうこう》だ。

Nにしてみれば、社内では日ごろ口もきいてもらえないどころか顔すら見ることの少ない重役と一緒で、コチコチになっていた。

その日の私の役目は、新入社員のNに友釣《ともづ》りの技術をマスターさせることだった。ところが、私の教え方は冷酷である。Nにはすでに二、三度、友釣りの手ほどきをしてあったので、私はそろそろ独《ひと》り立《だ》ちさせなければならないと考えていた。だから私は横で見ているだけで、Nに何から何まで一人でやらせようと考えていたのだ。人に頼《たよ》って十匹《ぴき》釣るより、自分の力で悪戦苦闘しながら一匹釣った方が友釣りの魅力にハマる。Nを友釣りのとりこにするために、その日は一匹も釣れないかもしれないが、その方法が最も近道と考えたのだ。だが、松井社長は私のやり方が気に入らなかったらしい。

「堤さん、あなたは冷たすぎるよ。Nは私の弟子にするからね」

そう言って竿《さお》をたたませ、Nを連れて別のポイントに移動してしまった。

一時間ほどして、二人は満面の笑みで帰ってきた。Nがとうとう一匹釣りあげたのだ。

「どうやら堤さんより私の方が教えるのがうまいようだね」

松井さんの得意そうな顔が忘れられない。Nも相当に興奮していた。

「やっぱり松井さんは、ちょっと違う社長さんだわ」

松井さんたちが東京へ帰るのを見送りながら、妻はNから聞いた話を聞かせてくれた。

Nを連れて釣り場を移動した松井さんは、一から仕掛けを作り直して竿を持たせた。ところが、うまく竿が操《あやつ》れないNは、急流で仕掛けを根がかりさせてしまった。すると社長は「ちょっと待って」と言うと、自ら急流に飛び込んで根がかりした仕掛けをはずしてくれたというのだ。その時Nは「この人に命を懸《か》けてついていこう」と思ったという。あの時の彼の興奮は、鮎を一匹釣ったからではなくて、社長の「低い心」に触れた興奮だったのである。

「うちの子たちが、松井さんが来られるのを喜ぶ訳が分かったような気がするわ。えらそぶらないのよ。何かが違うと思っていたけど、ここが違うのね」

妻の話に娘たちも加わってきた。

「そういえば犬たちもおじさんが好きみたいよ。特にクロベェーは一番なついているわ。クロベェーは目が見えないのだから、おじさんはいい人の匂《にお》いがするのかなァ」

庸《のぶ》の鋭い観察だ。

「企業のトップにはなかなかなれないわね。私も今日、同じようなことを感じたわ。社長さんじゃなくて奥様の方にだけど」

と彩《あや》がその日の出来事を語り始めた。

佐藤さんが会社のチーム全員を引き連れて道場を訪ねてくださるのは、正式には二度目である。近々、社屋内に道場が完成するのだが、その道場開きのための仕上げの稽古《けいこ》に、うちの道場を使ってくださったのだ。前回の稽古でご長男がアキレス腱《けん》を切断したため私たちに迷惑をかけたと、今回はわざわざ奥様までもお礼を言いに来てくださった。彩はそれだけでも恐縮してしまったのだが、

「（ケガをしたのが）うちの子でよかったですわ」

の奥様の一言にすっかり感激してしまったのだ。

「見習わなければならない心ね」

「お父さんが佐藤さんと親しくさせていただいているのは、社長として、社員だけでなく社員の家族の生活を守らなければならない義務がある、という佐藤さんの言葉に深い感銘を受けたからだよ」

「二人の社長さんの共通語って分かる？『もったいない』と『させてもらう』よ」

「そう言われればそうね。やっぱり優しい心、素直な心、低い心、ね」

客が帰ってしまった後、私たち家族はなぜか満たされた気持ちになった。

カナリア

ありとあらゆる鳥を飼ってきた私だが、カナリアだけは飼ったことがなかった。私には、カナリアに対して歪《ゆが》んだ先入観があった。

——広い芝生《しばふ》の庭が付いた洋風の建物に、洒落《しゃれ》たテラスと陽のいっぱいあたる洋間があって、細くて透《す》き通るような白い指の女性が、ロッキングチェアにゆられながら編み物をしている。静かな空間からは、ローラーカナリアの囀《さえず》りだけが聞こえてくる——

豊かさを絵で表現せよと言われれば、たぶん私はこんな光景を描くだろう。

カナリアは私にとって子供のころから高嶺《たかね》の花的存在だった。私のような毎日の暮らしに追われている者が飼える鳥ではない、という思い込みがあって、カナリアは憧《あこが》れの鳥という位置づけが、いつの間にか心のなかにできていたのである。

私は、この偏見《へんけん》を捨てることにした。これだけ暗いニュースばかりが続く昨今、今こそカナリアの鳴き声を楽しむゆとりが必要ではないか、そう思うと矢《や》も盾《たて》もたまらなくなって、妻にねだることにした。

「そんなお金出せないワ。ブンちゃんがいるでしょ、ブンちゃんが」

頭ごなしに断《ことわ》られた。ブンちゃんとは、塾生《じゅくせい》のカワシマ君が飼っているブンチョウのことである。わが家では、金魚もアヒルもカメも、みんな「オウンネーム」を持っている。

そう簡単に拒否されると、よけいにほしくなるのだ。

「ブンチョウとカナリアは違うよ。まず、鳴き声が……」

相違点を説明しても、首を縦《たて》には振ってくれない。

「このことは、あまり話したくないのだが」

そう前置きして、私のカナリアに対する偏見を打ち明けた。

「私もそう思うワ。さあこれから買いに行きましょ。ずっと以前によく行ってた猿沢池《さるさわのいけ》の近くの小鳥屋さん、あそこがいいワ」

妻は財布《さいふ》を持って立ち上がった。同感してくれたのか、折れてくれたのか分からないが、娘も加わって買いに行くことになった。

奈良公園内の駐車場に車を預けて歩き出すと、県庁前の大勢の人だかりが目についた。冬季長野オリンピックの聖火が、まもなく県庁に到着するとのことだった。ふだんなら野《や》次馬《じうま》根性の強い私は、一生に一度のチャンスと、その人だかりの一人になるのだが、この時はそれどころではなかった。妻の気が変わらぬうちに小鳥屋に急ぎたかった。未練たっぷりに何回も何回も妻と娘は後を振り返るのだが、私はかまわず足を速めた。

小鳥屋には赤と黄色のカナリアがそれぞれ十羽ほどずついて、どれがいいのか迷ってしまった。私は赤がほしかった。妻と娘は黄色でいいと言いだした。おそらく黄色が安いからだろう。赤だ黄だと争うのも大人気《おとなげ》ないと思って私は、

「おじさん、おじさんが私たちに一番いいと思うのを教えて下さい」

商売人なら赤い方を勧《すす》めるだろうともくろんだ私は、決定権を店主に委《ゆだ》ねることにした。黄色よりも赤の方が値段が高いからだ。

「そうですね。今このなかでとなると、オスはこれ、メスはこれですね」

店主が指さしたのは黄色の二羽だった。

「名前はナガノ君とセイカちゃんがいいね」

妻はもう長野オリンピックにちなんだ名前をつけてしまった。


店主の勧め通り、美しい声でよく鳴く、いい鳥だった。そのうち繁殖《はんしょく》もうまくいき、友人から珍しい巻毛のカナリアももらって、わが家はあっという間に十羽を越えるカナリアを飼うことになった。

私はしばらく、カナリアがいる暮らしの幸福感を味わった。だが、その喜びも一シーズンだけで、だんだん薄らいでしまった。カナリアは行儀《ぎょうぎ》が悪いのだ。餌《えさ》をまきちらして毎日の掃除が大変だし、表情が少ない。どちらかと言えば、飽《あ》きる鳥だ。

「ブンちゃんの方がかわいいわよ。私が近づいただけで、こんなに喜んでくれるし。遊び相手としては、お父さんのカナリアは、なんだかお高くとまっているみたいで好きになれないわ」

これが妻と娘たちの共通の意見だったし、私もそう思うようになっていた。カナリアたちは、短期間のうちに主役の座をブンチョウに奪《うば》い返されてしまった。

カナリアと豊かさを結びつけていたのは、私の単なる偏見であった。広い芝生の庭も、テラス付き洋風住宅も、実は私たちの求める豊かさとは無関係なものである。透き通るような白くて細い指の女性への憧れは、実を言うと、四十年ほど前、苦しい生活のなかで、銭湯《せんとう》からの帰り道、母が節くれだった指を見ながら「私も細い指がほしいわ」と言っていたのを忘れられないでいるだけのことである。

本当に豊かなのかどうかは、ロッキングチェアで編み物をしている女性が、心から幸福感で満たされているかどうかにかかっているのだ。

私が豊かさを表現しようとしていた絵は間違いだらけである——このことをカナリアは教えてくれた。

みてござる

古いわが家の蔵で、ほこりにまみれた蓄音機《ちくおんき》を見つけた。ほこりを払ってゼンマイをかけてみると、回転はスムーズとは言えないが、なんとか動いた。妻と二人がかりで運び出し、分解掃除をして油をさしてやると、正確に回転するようになった。何枚か残っていたベークライトの重たいレコード盤の一枚をかけてみた。妻や古い塾生《じゅくせい》たちが戦後間もないころ聞きなじんだ童謡だった。何回も繰り返し聞いたのだろう、シャー、シャーと雑音が入る。盤《ばん》にヒビが入っているのか、カツ、カツと周期的にノイズが入る。懐《なつ》かしい音だが、子供たちに「いいだろう」「すごいだろう」と自慢しても、異次元物体を見るような態度である。どうやら胸をときめかせているのは私と妻だけのようだった。

村のはずれのお地蔵さんは

いつもにこにこ見てござる

なかよしこよしの…………

小気味よい調子で歌われる童謡『みてござる』を私と妻は何十回も聞いて、時の経《た》つのを忘れていた。

義母《はは》が他界《たかい》してもう二年になるが、当時から今も続けられていることがある。道場生たちが稽古《けいこ》の始めと終わりに必ず義母の霊前《れいぜん》に参拝にやって来るのだ。

葬儀がすんで一週間ほどして、そのことに気づいた。その時はだれかの親の指示でやっているのだろうと思っていた。ところが一カ月経っても二カ月経っても、それをやめようとしない。稽古の指導に当たってくれている豊田《とよだ》や勝真《かつま》の指示でもない。どうやら道場生たちが自発的に始めたことらしいのだ。

二年も経つと義母を知らない子供も増えてくる。だが、その子供たちも後について参拝に来ているのだ。

私は、道場生のこの行動に「なぜだろう」という疑問を持たないと同時に、一切《いっさい》干渉しないことにした。道場生の自発的なこの行為は、今までの道場になかった新しい何かを創《つく》りあげていくだろうと期待したからだ。

このことがあってから、私の既製のデータでは分析できない不思議な出来事が道場のなかに起きてきた。

社会の少子化《しょうしか》は、日本のどこのスポーツ競技団体もその影響をもろに受けている。競技の底辺が広がらないのだ。子供が少ないうえに競技種目が増えて、子供たちの選択肢《せんたくし》は多くなった。そのためメンバーが集まらなくて、チームの存続すら困難なところが増えてきた。

このところ、うちの道場生は増加傾向にあるのだが、以前は子供が集まらなくて危機的状況にあった。ところが、団体戦のチームがかろうじて一つ組めるだけのチーム力だったにもかかわらず、この二年間の対外試合の成績が驚くほどよいのだ。

義母が他界したころから稽古を休まない子供が増えてきた。良太《りょうた》は中学二年生になっても、学校での稽古が終わってから、また防具を自転車に積んで小学生の稽古のために道場にやって来る。幼稚園児の新入生も母親の手をひっぱるようにしてやって来る。道場生の数は少ないのだが、稽古に活気があるのだ。戦績の良さは、この稽古量の豊富さからきているのだが、昨年、一昨年のチームには逆に、大きなハンディキャップがあったのだ。そのハンディキャップを見事に乗り越えているから、私は不思議なのだ。

木戸《きど》は絶対に勝てない選手だった。彼に才能がなくて勝てないのではない。彼は近ごろの子供にはめずらしく何事にも探求心が旺盛《おうせい》で、特に日本史にかけては小学五年生の時すでに私よりはるかに多い知識量があり、分からないことは彼に聞けばいいくらいになっていた。彩《あや》が中心になって行なっている冒険旅行も、スケジュールは彼にまかせておけば、あらゆる資料に照らし合わせて、安全で安価なものを完璧な形で作ってくる。彼の将来の夢は大学の「先生」になることだ。某私立中学へ進学するため学習塾に行くことも彼自身が決めた。そのため稽古にはほとんど出てこられなくなったのだが、道場生たちはそれを認めて心から応援していた。それすら今の子供たちにはめずらしいことなのだ。

ところで、昨年、一昨年のチームだが、彼がいなければ団体戦のチームが組めない状態だったので、それをわきまえていた彼は、どんなことがあっても試合にだけは出てくれていた。ところが彼は勝てないのだ。剣道の団体戦はだいたい五人制である。先鋒《せんぽう》、次鋒《じほう》、中堅《ちゅうけん》、副将《ふくしょう》、大将《たいしょう》と戦って、勝者の多い方が勝ちになるわけだが、うちのチームは最初から一人負け状態で戦わなければならないのだ。だが、木戸を起用した布陣《ふじん》で、大きな試合で優勝二回、準優勝一回の成績だ。これは私のデータでは理解できないことなのだ。初戦敗退でもおかしくないチーム力なのである。

選手たちの心理を考えると、最初から負けることの分かっている彼を先鋒に使ってさっさと負けさせた方が、子供たちには分かりやすくていいだろうと単純に考えて彼を先鋒に座らせたのだが、これがよかった。道場生は、彼が負けても当たり前のことと受け止めているから精神的に動じない。木戸は背が低い。そのうえ稽古不足で体力がない。しかも袴《はかま》を短くはいているから、どう見ても初心者《しょしんしゃ》としか思えない。この木戸の戦いぶりを見て、相手チームは「なんだ、このチームは」と思ってしまい、勝ったと油断してしまうのだ。子供は一度ゆるんだタガはすぐには締め直すことができないのである。

道場生たちは、木戸が勝てないことをさげすむようなことはなかった。彼が試合に出てくれるだけで喜んでいたし、それどころか彼がいてくれるおかげで相手チームが油断し、自分たちが勝てるとちゃんと分析しているのだ。勝てない木戸がヒーローだったのである。

「なぜだろう」

「そうね、お母さんは道場には無関心のように思えたけど」

「お母さんは最初は道場を開くことに反対だったと思うよ。堤塾《つつみじゅく》の開設当初もそうだったろ。お母さんはごく一般的な普通の生活が送りたかったと思うよ」

「私たちは剣道ができるからいいのだけど、稽古日は夕食の時間が遅くなるし、学校が休みになると子供たちがいっぱい遊びに来るじゃない。お母さんにしてみれば、静かにしていたい時もきっとあったと思うわ」

「そうなんだ。道場生にとっては、お母さんはある意味では関係のない人だよ。それが毎日参拝に来るというのは、なぜなんだ。先代の時は子供たち、ここまでやらなかったよ。それに、道場の稽古に活気が出てきたし、このメンバーで戦績もいいし、分からないことだらけなんだ」

こんな会話を私たち夫婦は何度繰り返したことか。

義母の思い出話になった時、

「ばあちゃんは、いつもこの籐《とう》の椅子《いす》に座っていたね」

と娘の理《みち》が、義母が愛用していた籐の椅子を撫《な》でながら言った。それを聞いて私はハッと思った。童謡『みてござる』のお地蔵さんと、籐の椅子に座っている義母の姿がダブって見えたのである。


義母は、道場の子供たちに口やかましいことは何一つ言わなかった。子供たちが悪ふざけしようが、そそうしようが、義母はいつもニコニコ笑って見ているだけだった。このような情景のなかで道場生たちは、いつのまにか義母を「いつもやさしく僕たちを見守ってくださっている」存在として、一種の守り神に対するような意識を抱いていったのではないだろうか。そうでなければ霊前への参拝が二年を越えて続くはずがないのだ。

「道場生のこの自発的な行為に、もしわれわれがあれやこれやと手を加えていたら、形だけのものになってしまって、ほんものは生まれてこなかっただろうな」

私は、現代っ子といわれる今の道場生たちに、これまでにない新たな可能性を見つけたと思って、うれしかった。

蓄音機のゼンマイを巻いて、私はまた『みてござる』を聞いてみた。そして、現代を生きる子供たちの社会や学校や家庭のなかに、威厳《いげん》をもって「見守ってくださる」モノが必要だと考えたのである。

くらべてみるおろかさ

「驚かないでください」

と前置きされると、聞き手としてはどのように対処すればいいのか困ってしまう。座敷にきちんと正座した山岡さんは、多汗症《たかんしょう》のせいなのか、それとも何かに興奮しているのか、タオル地のハンカチがしぼれるほどの汗をかいていた。

「実は」

と話し出されると、「驚かないでください」の前置きのせいで、剣道で鍛《きた》えたはずなのに足首の関節が固くて五分と正座できない私も、山岡さんと同じようにきちんと正座してしまった。

その日、私たちは山岡さんから初孫《はつまご》誕生の知らせを待っていた。山岡さんの子、俊雄《としお》夫婦は私たちが仲人《なこうど》をしたものだから、私たちにも初孫誕生のような喜びだった。ところが、どうもふだんの山岡さんではないのだ。

「おかげさまで昨夜、息子夫婦に女の子を授かりました。母子共に元気です。ところが、障害を持って生まれてきました」

「障害」という二文字を聞いて、私の頭のなかは真っ白になった。妻の子宮ガンの告知を受けた時と同じだった。「驚かないでください」と言われているから平静を装《よそお》うために懸命になっていたのだが、おそらく私の顔からは血《ち》の気《け》はひいていただろう。ところが、私はまだ、その障害がどんなものなのか聞いていなかった。それを聞く勇気が私にはなかったのだ。しばらくの沈黙を破るように、

「孫の障害は先天性内反足《ないはんそく》というものです」

と告げられたのだが、しかし私はその障害について詳しく知らなかった。ばかりか、その障害についての具体的な説明を受ける勇気もなかった。一方、山岡さんにしても昨日の今日の話で、その時は私が理解できるほどには説明できなかったそうだ。二人は「障害」という言葉だけを上滑《うわすべ》りさせていたのである。

「とりあえず、生命《いのち》に別条なく生まれたことだけをご報告しようと思いまして」

汗を吸う力をなくしてしまった、びしょぬれのハンカチで汗を拭《ふ》きながら、山岡さんは妻が出したコーヒーを一口飲んだ。

ところで、山岡さんの様子に不審に思えるところがあるのだ。障害を持った孫を授かった当事者にしては、血の気をなくしてしまった私よりはるかに明るい顔をしているのだ。

「先生、私は今、ほんものの喜びを感じています」

天と地がひっくり返るような出来事のなかで、なぜ喜びなのか。思わず私は
「えっ」

と言ってしまった。

「神か仏の声を聞いたからですよ」

山岡さんは信心深い人ではない。どちらかといえば無神論者に近い人である。山岡さんが各地の神社仏閣を訪ねるのは、建築や彫刻、それに日本の歴史に興味を持っているからだ。その山岡さんの口から出た、こちらの耳を疑いたくなるような言葉なのだ。

山岡さんは、その日の前日も博物館を訪ねるような気持ちである寺院を訪ねた。境内《けいだい》の

休憩所かどこかに「ご自由にお持ち帰りください」と書かれた立て札の横に四〇ページほどの小冊子《しょうさっし》が置かれていた。いつもなら、そのようなものには目もくれないのだが、何げなく一冊いただいて、帰りの電車のなかで時間つぶしに目を通した。その時点では、小冊子の内容が特に心に残ったとは感じなかったそうである。

ところが、その日の夜、嫁の里である神奈川県の産婦人科病院から初孫誕生を知らせる電話が入ったのである。

「おやじ、驚くなよ」

と前置きされて、先天性内反足の障害があることを電話で聞きながらも、なぜか冷静で、しかも謙虚《けんきょ》な気持ちで受け止めることができたというのだ。山岡さん自身そのことが不思議でならなかった。しばらく思案を巡《めぐ》らしていて、

「ちょっと待てよ」

と思わず口走ったそうだ。

「神や仏が、どんな方法や手段を駆使して人間に教えを説いてくださっているのか、私には分からないことだったのです。障害のある子を授かったと聞いても、それを冷静に受け

止められたのは、すでにこうなることを神や仏によって告げられていたと気がついたからです」

山岡さんがたまたま手に入れた小冊子には、宗教学者、ひろ　さちや氏の言葉が引用されていたそうだ。山岡さんは記憶をたどりながらその内容をかいつまんで話してくださったが、それによると、

「今の親たちは、子供を自分で作ったと思い込む大きな間違いをしている。だから子供を自分の思うように育てたくなる。ところが、実は、子供は神や仏からの預かりものなのだ。そして神や仏は、例えば障害を持った子供の場合、どの親に預けようかと迷われる。いいかげんな親には任《まか》せられないのだ。この親だったらきっとこの子を幸せにしてくれるという確信を持って預けられるのだ」

という内容だった。

「もし私がこの冊子に巡り合っていなかったら、悲しみに打ちひしがれていたでしょうね。そして、この世に神も仏もあるものかと叫んでいたでしょう。私のような信仰心の薄い者にでも、神や仏は、わけへだてなくいろいろな方法で教えを説き、導いてくださっている。

ただ、科学万能の時代を生きていると、その声を聞く耳が退化してしまうのですよ。あの冊子を使って神は私に教えを説いてくださったのです。私の息子夫婦は選ばれた夫婦なのだ、そう信じると、うれしさがこみあげてくるんです」

ここまで聞いて、私もうれしくなってきた。私は、私の心のなかに用意していた、うわべだけの慰《なぐさ》めの言葉はその場で反故《ほご》にして、山岡さんと笑って別れたのである。

山岡さんを笑顔で見送った。それでも凡人の私は、「障害」の二文字が気になって仕方がない。妻と二人でわが家にある医学に関する本をすべて読みあさった。

専門書には、先天性内反足は、先天的に足が内方に曲がって、足背が前下方に、足底が内後方に向いた状態にある足の変形をいう、とある。ここまでの知識を得た私は胸が痛くなった。すぐには山岡さんの心境にはなれないのだ。あらゆる資料を読んで、医学的に治《なお》すことができる障害であるという結論に達した時、私はやっと心の平静を取り戻すことができたのである。

山岡さんの息子、俊雄は、正義感の強いガキ大将だった。ユニークなのは、十分な剣道の素質がありながら、高校生になるとラグビーを始めたことだ。

俊雄が小学生のころは、私も元気盛りだった。当時は冬場になると、ほとんど剣道はやらせなかった。トレーニングと称して、野球やホッケーやラグビーを道場独自のルールにアレンジしてやらせていた。当時、すでに集団で遊べない子供が増え始めていたので、野球だホッケーだラグビーだといっても、遊びの要素を強くしたものに作り変えていた。それを道場のなかでやるわけだから、ボールは飛ばないように忘れ物の靴下で作っていた。俊雄たちの時代は、もっぱらラグビーばかりやっていた。

当時の私は、正月といえば花園ラグビー場が合言葉になっていたくらい高校ラグビーのファンだった。それが伝染《でんせん》したのか、俊雄はラグビーの名門校に進学した。

だが、高校、大学、社会人を通して彼の真っ正直な闘争心が彼を一流のプレーヤーに育てたのだが、その反面、無鉄砲で引くことを知らない性格が、ケガと故障の多いラグビー人生にもしてしまった。

「俊雄が正選手に選ばれました」

山岡さんから連絡があって、私は彼の晴れの初舞台を見るために試合場に駆けつけた。

グラウンドに着いた時すでに試合は始まっていた。心弾《はず》ませて彼の雄姿《ゆうし》を探したのだが、彼の姿はなかった。試合開始の笛の直後、強烈なタックルを受けて大ケガをし、彼は救護所にいたのである。初陣《ういじん》がこの調子だから、私は彼の現役時代にグラウンドを走り回る彼の雄姿をとうとう見ることができなかった。

「今になって思うと、俊雄君のケガに泣かされた選手生活が今度のことで生かされていると思わない？」

「実は僕も同じことを考えていたんだ。彼がラグビー人生で得た経験は華やかさばかりではなかった。ケガの苦しみや裏方に回った時のつらさなんだ。そんな、どちらかと言えばマイナスの経験が今生かされることになったんだよ」

「彼がケガや故障から得た医学的な知識も相当なものよ。俊雄君夫婦なら冷静に受け止めて、赤ちゃんを大切に育ててくれるにちがいないわ。山岡さんがおっしゃる通り、有資格夫婦なのね」

私たちもここまで話し合って、山岡さんの心境に少しは近づけたのである。

「偶然ということは無いのね。私たちの目の前で起こるすべてのことには必然性があるのよ。それをどのように受け止めるか、天の声を聞く耳を持たなければならないわ」

ポツリと言った妻の言葉は重かった。


数日後、初孫の名前が決まったと、山岡さんが数枚の写真を持ってやって来た。

「息子夫婦に一本やられましたよ。くどくど慰める私に『おやじ、俺《おれ》たちのことは心配するな。くらべることの愚《おろ》かさくらいはちゃんと知っているよ』って言うんですよ」

「くらべてみる愚かさか、いい言葉ですね。字が読めるとか読めないとか、字が書けるとか書けないとか、計算ができるとかできないとか、速く走れるとか走れないとか、健康体であるとか病弱であるとか、若いとか年老いているとか、極端ですが男であるとか女であるとか、こういった差はみんなが持っているものですよ。これをくらべて人間の価値を決めてはならないと言いたいのでしょうね。いいところに彼は気がついてくれましたね」

「いや、先生、俊雄はそれを道場で教わったと言っていますよ」

そう言われても、私には身に覚えのないことである。もし彼がそう思ってくれているとしたら、それは道場の空気がそうさせたにちがいない。

「娘は人より速く歩けないかもしれないが、それは娘の人間としての価値とは何の関係もないことだと若い夫婦に言われた時、うれしくて涙が止まりませんでした。よく成人してくれました。しかし、これも考えようでは、障害を持った孫を授かったおかげですよ。息子夫婦はこのことで絆《きずな》をより強くしたようですし、舅姑《しゅうとしゅうとめ》である私たちとの心の距離も縮《ちぢ》まったし、私たちと嫁の実家のご両親との距離もぐんと縮めてくれました。私たちの一体感は孫からのプレゼントですよ。子はカスガイって言いますけど、本当ですね」

山岡さんは目を真っ赤にして話してくださった。

山岡さんの初孫の障害は重度なものだった。成長にともなって何度かアキレス腱を手術しなければならないのだ。しかし幸運にも、いい医師に巡り会えた。そして、その医師が驚くほどの快復ぶりを見せた。この快復の速さは、周囲の人々の勇み心がもたらしたのであろう。


それから三年経《た》った。

山岡さんは今年も塾生《じゅくせい》たちのために一年分のジャガイモを届けてくださった。もともとはＮＴＴ勤務のサラリーマンだったのだが、趣味が農作業で、土の魅力にとりつかれて定年退職後も野菜作りに精を出している。夫婦二人の暮らしには十坪ほどで十分なのだが、その何十倍もの畑を耕作しているのだ。あの人にも、この人にもと、土を耕していると顔が浮かんできて、ついつい面積が増えてしまったのだ。縁《えん》もゆかりもない行きずりの人にまで、汗水流して育てた野菜をあげてしまうお人好しなのだ。

「喜んでくださる顔が忘れられなくてね」

山岡さんとは、そういう人なのだ。

「最初は私、孫の障害のことをだれにも言わないで、隠《かく》しおおせるものなら隠しておこうと思いました。そしてずいぶん悩みました。障害という言葉に偏見《へんけん》があったのです。しかし、それは愚かなことだと気がつきました。だからだれにも隠さず、孫は重度の先天性内反足の障害を持っていますと、胸を張って言いました。そうすると、まず、こちらの気持ちが軽くなりましたね。そして多くの人々からさまざまな情報が寄せられるようになって、どれだけ勇気づけられたことでしょうか。私たちは周囲の人たちに助けていただいたのです。孫も息子夫婦も私共も今日があるのは、人々の温かい心の支《ささ》えのおかげだと、感謝してもしきれない気持ちです」

野良着姿《のらぎすがた》がすっかり板についてきた山岡さんが、現在の心境を語ってくださった。

しかし、これは山岡さんが常日ごろから深い深い感謝の心を持ち、善行の種《たね》まきを続けてきた結果だと、私は思ったのである。

ほんものの豊かさ

一九九六年夏、アトランタオリンピック出場の元渕幸《もとぶちゆき》さんの応援をかねて、アメリカを旅した。

旅の目的地のひとつであるメイン州はボストンの北、カナダ国境に接する大西洋岸にある。ブルーベリーとロブスターで有名な避暑地《ひしょち》である。私たち幸さんの応援団は、酷暑《こくしょ》のアトランタに乗り込む前の四日間を、元渕舞《まい》さんのビオラの先生、ロバート・ダンさんの別荘があるメイン州で過ごすことになった。

旅に出る前日、庸《のぶ》の友達であるニュージャージーのヨシト君とミユキちゃんがわが家に遊びに来ていた。彼らのお父さんは有名なパーカッション奏者で、お母さんは国際バイオリンコンクールで優勝したこともあるバイオリンの名手である。現在はご夫婦でニューヨークを中心に活躍している。ヨシト君もミユキちゃんもアメリカ生まれのアメリカ育ちなのである。

当時、小学二年生だったヨシト君から別れ際に、

「おじさん、アトランタの旅を楽しんできてね」

と、思わぬあいさつをもらった。アメリカ流のあいさつを日本語に直訳しただけだと言えばそれまでだが、十歳にもならない小さな子供からの「楽しんできてね」のあいさつに、私はカルチャーショックを受けた。たぶん私の娘だったら、

「いいな、いいな、おみやげ買ってきてね」

くらいしか言えないだろう。ヨシト君の一言のあいさつで、これから始まる旅が楽しくなってきたのである。

ところが、関空・ロサンゼルス間のフライトは不愉快《ふゆかい》極まりないものになってしまった。アジアのある国の百人を超す子供の集団が乗り込んできたのだ。揃《そろ》いのTシャツの背中の文字から察すると、学習塾が募集した、アメリカの家庭にホームステイして英語学習をする集団のようだ。そこそこ裕福《ゆうふく》な家庭の子供たちだろう。ところが、どの子も、彼らの国

ではやっているのだろう、同じ型のメガネをかけ、しかも、みんな表情が同じなのだ。今流に言えば、クローン人間の集団のようだった。

私をあきれかえらせたのは、その集団のにぎやかなこと。彼らの行動にマナーのひとかけらもなく、機内はたちまち蜂《はち》の巣《す》をつっついたような状況になってしまった。

「私には今、大学生になる子供がいるのよ。今でも私はちゃんとしつけだけはしているわ」

たまりかねて、ノースウエスト航空の中年のスチュワーデスがその集団の引率者に食ってかかったのだが、引率者は小さくなって黙っているだけだった。引率者にとって子供たちは、お金を運んでくれるコウノトリのようなお客様なのである。そのことがスチュワーデスには理解できなかったらしい。

子供のことになると放っておけない、私の職業病のようなものがそうさせたのだが、私はとうとうドスの効《き》いた声で子供たちを怒鳴《どな》りつけてしまった。さいわい私は、片言だが彼らの国の言葉が話せたので、意味が正しく伝わったかどうかは別にして、ものすごいけんまくで怒っていることだけは伝わったようだ。私は最後に、

「お前たちの親の顔が見たい」

と言ったつもりだ。それで何とか私たちの周りの子供たちだけは静かになったのだが、後味の悪い気分になってしまった。

彼らは、自分たちの国の一時的な経済の繁栄に浮足立ってしまっているのだろう。わがままで、近視眼的態度で、それにどの子も同じ表情であるのが気になった。ひょっとしたら、日本から伝染《でんせん》していった学習塾病に、もっと重症な形でかかってしまったのではないかと、私は気が重くなったのだった。


ボストンで一泊して、メイン州のバンゴーまでは百人乗りのデルタ航空で一時間の旅だった。シートベルト着用のサインが消え、くつろいだ雰囲気になったころ機内放送が流れて、乗客から大きな拍手と歓声がわきあがった。私は、この旅の通訳を買って出てくれていた、インディアナ大学の大学院を卒業したばかりの神田知《かんだとも》に、何事が起こったのか聞いてみた。

「ちょっとうまく聞き取れなかったんですけど、アジアのどこかの国の子供の里親になった人がこの飛行機に乗っているようです」

飛行機の騒音で、里子がどこの国の子供かは聞き取れなかったのだ。機内サービス中に得たニュースをすぐ乗客に知らせるスチュワーデスの機転もさすがだが、里親になった若い夫婦に、文句なしの祝福の拍手と歓声は明るくていいものだと神田知は言う。だが、その時の私は手放しでは喜べない気持ちになっていた。私たちの座席がいちばん後ろだったため、里親と里子の後ろ姿しか見えなかったのだが、里子に出されなければならない境遇のいたいけなあの子供が、これから先幸せになってほしいと祈るような気持ちで私は黙り込んでしまったのである。

同じアジアであっても、昨日会った子供たちと今日見た子供のへだたりは何なのだ。経済的繁栄にわれを忘れて、この世の春を楽しんでいる子供たち。一方では、政治や経済の混乱に振り回され、望むと望まざるにかかわらず、海を越えて肌の色も言葉も違う異国の地に里子に出される運命《さだめ》の子供。このギャップの大きさに私は例えようもない複雑な気持ちになってしまったのだった。

どうも私は「里子」という言葉に特別な響きを感じているようだ。私と血がつながっている者のなかにも、里子に出された者が何人かいる。

私の母もそうだ。明治後期から大正にかけて、その時代がどんな時代であったのか私にはよく分からない。母に里子に出された周辺の事情をよく聞いておけばよかったのだが、私はこのことに触れることをタブーにしていた。だから私が語る母の半生は、私の推測によるものだ。

母の生家は岐阜県の山あい、長良川《ながらがわ》の支流の津保川《つぼがわ》沿いにある。刃物《はもの》産業で有名な関市《せきし》から今なら車で十分ほどのところだが、農業、林業のほかには、これといった地場《じば》産業のないところである。

母の生まれる十八年前に濃尾《のうび》大地震が起こった。おびただしい人命と財産が失われ、人々の暮らしはたちまち困窮《こんきゅう》の極みに達したのである。母が里子に出された原因が直接間接、この大地震にあったのではないかと私は思うのだ。

母が里子として引き取られた先は、同じ長良川の支流であっても、板取川《いたどりがわ》沿いの蕨生《わらび》という集落にあった。この地は豊かな水を利用して、主に障子紙《しょうじがみ》であったが、和紙の生産で栄えていた。こうした地場産業は、その地の多くの人々の暮らしを支えるばかりでなく、里子を引き受けるゆとりすら生み出していたのである。特に紙漉《かみす》きは、デリケートで辛抱《しんぼう》強い女性の手に支えられていたことから、男性よりむしろ女性の労働力が求められていたのであろう。それは明治維新後いち早く紡績《ぼうせき》で栄えた、長野県の諏訪《すわ》地方にも似た状況だったのである。

母の生家と蕨生とは直線距離で三〇キロ、今の感覚で言えば至近距離《しきんきょり》なのだが、当時は、たったこれだけの距離内でも歴然《れきぜん》とした生活格差があったのだ。

母は生前、自分の境遇について一度も話してくれなかった。母の気持ちを思うと私も聞けなかった。私が積みあげてきた里子のイメージは、「食っていけない」という悲惨《ひさん》で暗いものでしかなかったからである。生みの親との別離の悲しさをひたすら隠して、里親に手を引かれ、何度も何度もふるさとの野や山を振り返りながら、運命の糸に操《あやつ》られていった母の姿を、私は映画の一シーンのように自分の心のなかにしまい込んでいたのである。

母は、下流の集落に住む父と結ばれた。父も母もそろってお人好しで、わが家に人が集まることを無上の喜びとしていた。だが、器用な生き方ができる人ではなかった。不器用故に事業に失敗して、はじき出されるように私たち家族はふるさとを離れたのである。しかし、これにも時代的背景があるのだ。生活様式の変化とともに障子紙の需要が落ち込み、地場産業に斜陽《しゃよう》の陰りが見え始めたころなのだ。ふるさとは、その地に暮らす人々を扶養《ふよう》する能力をいちじるしく弱めてしまったのである。

ところが、私が持ち続けてきた母の半生のイメージを変えなければならない時がきた。どうやら私の取り越し苦労であったと思えるのだ。私の先入観を払拭《ふっしょく》する証人が現れたのである。

もう四十年も会ったことがない、ふるさとの同級生から電話がかかってきた。アルバムを見ていて、なつかしくなったのだという。私は、私の存在を覚えてくれているだけでもうれしかった。私は小学五年生の時、理由《わけ》も告げずにふるさとを離れた。逃げるような離れ方だった。だから、不器用でいこじな私は、当時の同級生とはこれまでほとんど連絡をとることをしなかったのだ。

「俺《おれ》だ、俺だ、分かるか?」

受話器のむこうで明るく呼びかけてくれるのだが、四十年の歳月は少年時代の記憶をおぼろげにしてしまっている。私は思い出せるだけの記憶をふりしぼった。彼は私を知っている。だが私は彼がだれなのか分からない。この溝《みぞ》を埋めるのに苦労した。手掛《てが》かりとして、

「吉田先生を覚えているかい?」

と聞いてみたのがよかった。二人に共通体験があったのだ。

「覚えているよ。もう、おばあさんになってしまわれたけど、お元気だそうだよ。お前と俺は、吉田先生の時だったと思うけど、朝礼の時、みんなの前で歌を歌わされたの覚えているだろ。曲は忘れたけど『九十九人の狩人《かりうど》が鉄砲かついでお月夜に……』っていう歌だ」

その歌詞を聞いて私も思い出した。母の里に隣《とな》り合わせている集落に住んでいた友人のようだ。念のために、

「一緒によくアケビを取りに行っただろ?」

「行ったよ、行った。栗もよく取りに行ったなあ」

これで間違いなく記憶のなかの彼なのだが、まだ顔と名前が特定できない。それほど記

憶が風化してしまっているのだ。

だが、どことなくピントはずれの会話のなかで、私はありがたい情報を手に入れた。

「お前は、よく西川の沢村さんのところに来ていてなあ」

「うん、母親の実家なんだ。沢村の家は里親だけど」

「そうか、そうか。うちにも里子がござった（おられた）よ」

さらりと答える彼の言葉に明るさを感じた。

「その人とは今でも親の兄弟としておつき合いしているよ」

里子に対する偏見《へんけん》の匂《にお》いが少しも感じられないのがうれしかった。

和紙で栄えたといっても、人の手によって支《ささ》えられた家内工業なのだ。紙の漉き手である女性は、朝は暗いうちから夜は暗くなるまで、冷たい水で冷えきった体を暖《あたた》めるひまもなく働きづめにみな働いたのである。そこには里子であるとかないとかいう別《わ》け隔《へだ》ては一《いっ》切《さい》なく、お互い助け合って、慰《なぐさ》め合って生きてきたのだというのである。

「特に沢村さんの家は熱心な天理教の信者だろ」

彼の言葉に私は心が救われる思いがした。私は里子についてとんだ勘違《かんちが》いをしていたらしい。

この世の中に起きるあらゆるモノには、すべて例外がある。ところが私たちは、その例外をクローズアップして実態とはきちがえているケースが多くあると思う。例えば、里子と里親の関係において、悲劇も起こり得《う》るだろう。しかし、これは例外と見なすべきではないだろうか。

私と塾生《じゅくせい》の関係も、ある意味では里子・里親の関係である。堤塾《つつみじゅく》の五十年を越える歴史のなかで、悲劇がなかったとは言い切れない。しかし、それがクローズアップされると、私と塾生との関係が悲劇を出発点にして形作られていると見られてしまうのだ。だが現実は、彼らにとって堤塾で暮らすことがベストだと双方が信じているのである。

母の場合、生活困窮のために養育し切れないわが子を、他人の手にゆだねてでも育てあげたいと考えた親の気持ちを、刹那的《せつなてき》な悲しみはあったにしろ恨《うら》むことはできなかったのではないだろうか。母は、信仰心のあつい育ての親の愛と生みの親の愛の二つの愛情によって育てられたのだ。これがベストだったのだ。そして私の母のようなケースが、里子・

里親のもっともありふれた関係ではないだろうか。日本人は、私が考えているよりはるかにおおらかで、人情深いのだ。

私の少年時代、戦後まもないころだが、衣、食は今日とは比較にならないほど粗末《そまつ》だった。私たちは、つぎはぎだらけの服を着て、米粒《こめつぶ》よりサツマイモの方が多いご飯を食べていたのだが、今になると、それがなつかしいのだ。貧しかったけど、共に支え合って生きていたからであろう。そして、これは敗戦による貧しさであって、同じ空の下で生きてきた者は、みな同じ思いだったにちがいない。私だけが貧しかったのではないのだ。

母も晩年は同じ心境だったのではないだろうか。里子に出されたとはいえ、沢村の家では額に汗して働く場が与えられ、別け隔てなく支え合って生きてきたのだ。どれほど労働が過酷《かこく》であっても、支え合う人がいれば幸せであるし、遊んで暮らせても、ひとりぼっちでは幸せであるとは言えないのだ。

私は、母が里子に出される境遇《きょうぐう》に立たされたことだけをもって悲劇ととらえていた。生活の苦しさだけで母の幸・不幸を計《はか》るというあやまちを犯していたのだ。

母の面影《おもかげ》で私が忘れられないのが二つある。ひとつは、ふるさとを離れるまでのことだが、教会の月次祭《つきなみさい》の日の母の輝いた顔だ。母の信仰心は、里親である沢村の両親によって育《はぐく》まれたものだ。もうひとつは、母はドクターストップがかかるまでタバコをやめられなかった。厳しい労働の慰《なぐさ》みに覚えたのだろうが、つらかったけど満《み》たされていた過ぎし日々を懐《なつ》かしむようにタバコをふかす母の晩年の顔を、私は今も忘れることができない。

一九九六年夏、私は、生活の貧しさと豊かさの両極にいるアジアの子供を見た。そして双方《そうほう》の行き先を案じてしまった。一九九九年夏、ふるさとの友からの一本の電話によって、母との別離から二十年近くたってはじめて、母の人生を検証《みなおし》する機会を与えられた。

豊かさには生活の豊かさと人生の豊かさがある。モノの豊かさと心の豊かさと言った方がいいかもしれない。もっと言えば、目に見える豊かさと心で感じる豊かさがあるのだ。

今、モノの豊かさのなかにあって、私たちは幸福感に満たされているだろうか。そうであればいいのだが、人としてもっとも大切な、ほんものの豊かさを見分ける感受性をにぶくしてしまっているのではないだろうか。二〇〇〇年を前にして、これでいいのかと反省を促《うなが》される暑い夏になってしまった。

あとがき

道場の庭の片隅《かたすみ》に今年も可憐《かれん》に小菊が咲いた。道場が開設されて間もないころ、あまりにも庭が殺風景《さっぷうけい》だとだれかが植えてくれたものだ。もう三十年近く同じところに咲き続けている。

小菊以外に何も植わっていなかったこの庭も、今ではさまざまな記念樹と、私の好きな草花とで鬱蒼《うっそう》として、ちょっとした植物園のようになっている。私にとって、道場の草木の種類の多さは、そのまま思い出の多さだ。一本の樹《き》、一本の草にも、かけがえのない思い出がしみこんでいるのだ。

一九七〇年、農協の倉庫を借りて以和貴《いわき》道場は発足した。やがて、私財を投じてわが家の敷地内に現在の道場が新築されたのだが、それまでして創設者である義父《ちち》、堤勝彦《つつみかつひこ》を道場建設に駆《か》り立てたものは何だったのだろうか。

戦後、私たちは、復興を旗印に豊かさを求めてしゃにむに走り続けたのだが、気がつけば、心を置き去りにした、物ばかり豊かな時代を創《つく》り上げていた。わが国がとった軌道《きどう》にわずかな狂いがあったのである。感謝と奉仕の精神を次代を担う子供たちに植えつけ、心の時代を創らなければならない、そういった使命感が義父をして道場の建設に向かわせたのではないだろうか。

会則や規約で人を縛《しば》らず、師弟という関係より親子、兄弟に近い関係で、剣道を通して子供たちを育てたい、そのためには入門料を、心を磨《みが》くことを学ばせるため雑巾《ぞうきん》一枚にするなど、ユニークな発想と行動力で道場は始動したのだが、その十二年後、花を見ないまま義父は出直《でなお》した（＝死去した）。

当時の私は、剣道の指導に当たっていたというものの、無責任で傍観者《ぼうかんしゃ》的なサポーター的存在にすぎなかった。ところが、あたりを見回しても、義父からバトンを受けるのは私しかいなかったのだ。こうして私は堤塾《つつみじゅく》と道場の二代目になったのだが、自分が適任者であったのかどうか今もって自信がない。

先代は種《たね》をまいて芽を出させた。私は、その芽を育てることに私なりに奔走《ほんそう》してきた。そうして道場には三十年の歳月が流れた。これから花を咲かせて、実をみのらさなければならない。しかし、それは私の仕事ではないかもしれない。美しい花を咲かせ、大きな実をみのらせる旬《しゅん》は、まだ遠い遠い彼方《かなた》にあるようにも思えるのだ。その実を見るまで、道場を育てる手を一時たりとも休めるわけにはいかないのである。

道場三十年の節目の時、『あわてるからあかんのやⅡ』として、塾《じゅく》と道場のうちそとで起こったさまざまな出来事を書き綴《つづ》ってみた。

堤塾の風呂《ふろ》は、今でこそボタンひとつで沸くが、つい数年前までは薪《まき》で焚《た》いていた。その薪を割《わ》るのは塾生《じゅくせい》のハヤシ君の仕事だった。ある日私は彼の仕事を手伝ってみたのだが、いいところを見せようと力み過ぎて、十分もたたないうちにヘトヘトになってしまった。そんな私をハヤシ君は、

「先生、あわてるからあかんのや。薪割りは、これから割らなあかん木の山を見たらあかんのや。後に出来上がった薪の山を見なあかんのや」

と笑うのだ。彼の言葉は人生哲学そのものだ。それから私は、この言葉を自分の人生訓《じんせいくん》にしているのである。

「今になって、子供のころ道場で教えてもらったことの意味が分かるようになってきた」

と安井規雄《のりお》が言っていたそうだ。赤ん坊のころから知っている彼も二十六歳になっている。

私は道場で特別なことは教えていない。人の道をはずさないように「ほんもの」を見つめて歩くようにと、当たり前のことを教えているにすぎないのだが、それとて旬が来てその場に立たされないと、その意味を理解してもらえないのだ。私の仕事は、今日種を蒔いて明日花を咲かせるようなものではないのである。

私も近ごろフットワークがにぶってきた。道場で育った子供たちは次から次へと私に追いつき、追い越していく。そのことが私はうれしいのだ。やがて彼らは美しい花を咲かせ、大きな実をみのらせてくれるにちがいないからだ。

道場の庭の草木の多さは、道場に集《つど》う人々の多さにも比例する。みないい人ばかりで、これこそ私の誇りだ。これ以外に何をほしいというのか。今年も咲いた小菊を前にして思うことである。

一九九九年　秋

堤　保敏（つつみ・やすとし）
昭和21年、岐阜県美濃市生まれ。同44年、天理大学を卒業後、知恵おくれの人を預かる私塾「堤塾」（奈良県生駒郡斑鳩町）の門をくぐる。同57年、創設者・堤勝彦氏の跡を継いで「堤塾」および剣道場「以和貴道場」の主宰となり現在に至る。教士5段。著書に『四季の絵だより』『絵だよりのある風景』（ぎょうせい）、『あわてるからあかんのや――知恵おくれの仲間に学ぶ』（天理教道友社）など。

あわてるからあかんのやⅡ

立教163年（2000年）2月1日　初版第1刷発行

著者　堤《つつみ》　保敏《やすとし》

発行所　天理教道友社
〒632-8686　奈良県天理市三島町271
電話　0743(62)5388
振替　00900-7-10367

TENRIKYO DOYUSHA

印刷所　株式会社天理時報社
〒632-0083　奈良県天理市稲葉町80

ISBN 4-8073-0459-3
定価はカバーに表示